Vidal, Bauer de Sandré, Farge

IVRE-ATLAS

DE

Géographie

Cours Moyen

(Certificat d'Études)

33 GRAVURES & 41 CARTES

LIBRAIRIE LAROUSSE ❖ PARIS ❖

Atlas de Géographie : Cours élémentaire, 1 fr. — Cours moyen, 1 fr. 50. — Cours supérieur, 2 fr. 25

PRESQU'ILE DES BALKANS
après la dernière guerre, 1913.

Cinq peuples principaux habitent la péninsule des Balkans.

Échelle 1 : 11.500.000

Ce sont : 1° les Albanais; 2° les Grecs; 3° les Roumains; 4° les Serbes; 5° les Bulgares.

Ces peuples n'étaient unis que par la religion orthodoxe, lorsqu'aux xiv° et xv° siècles ils furent vaincus par les Turcs, nation musulmane venue d'Asie.

Longtemps soumises à la Turquie, les nationalités balkaniques ont, durant le xix° siècle, peu à peu reconquis leur indépendance.

En 1829, la Grèce devient libre;
En 1859, la Roumanie se constitue;
En 1878, la Serbie et le Monténégro, formés depuis longtemps, deviennent indépendants; et, en 1908, la Bulgarie est érigée en royaume.

A la suite de la révolution turque de 1908, de l'annexion de la Bosnie-Herzégovine par l'Autriche, et de l'agression des Italiens contre la Turquie, quatre États balkaniques : la Grèce, la Bulgarie, la Serbie et le Monténégro conclurent une alliance et, en 1912, essayèrent de refouler les Turcs hors d'Europe. Ils n'y réussirent pas complètement. Après une année d'efforts et une résistance acharnée, la Turquie se reconnut vaincue et céda l'Albanie, la Macédoine et la Thrace; mais elle conserva Constantinople et les territoires environnants.

Une nouvelle guerre balkanique pour le partage des provinces conquises, entre la Bulgarie d'une part, et, de l'autre, ses anciens alliés appuyés par la Roumanie, permit à la Turquie de reprendre Andrinople. La Serbie et la Grèce, victorieuses de la Bulgarie, prirent la meilleure part des conquêtes, et un nouvel État, l'Albanie, fut créé.

Voici, après la signature des traités, la population approximative des États balkaniques :

		Accroissement :
Roumanie	7.600.000 h.	350.000 h.
Bulgarie	4.800.000 h.	430.000 h.
Serbie	4.650.000 h.	1.700.000 h.
Grèce	4.500.000 h.	1.300.000 h.
Monténégro	400.000 h.	150.000 h.
Albanie	2.000.000 h.	Cap. Durazzo.
Turquie d'Europe	1.900.000 h.	

Certaines questions n'ont pas encore été tranchées; ainsi les Italiens occupent encore, dans le sud de la mer Égée, quelques îles de population entièrement grecque : le *Dodécanèse*, groupe de 12 îles, dont *Rhodes* est la principale (1914).

L'Armée française d'après la nouvelle loi militaire.

Tout Français ayant atteint l'âge de 19 ans révolus doit le service militaire pendant 28 années; soit : 3 ans dans l'armée active; 11 ans dans la réserve de l'armée active; 7 ans dans l'armée territoriale; 7 ans dans la réserve de l'armée territoriale.

L'armée de terre comprend :

Infanterie : 173 régiments de ligne; 31 bataillons de chasseurs à pied (dont 12 bataillons de chasseurs alpins); 12 régiments d'infanterie coloniale; 4 régiments de zouaves; 9 régiments de tirailleurs algériens; 2 régiments de légion étrangère; 3 compagnies des oasis sahariennes; 6 bataillons d'infanterie légère d'Afrique et des « sections spéciales » de discipline.

Cavalerie : 91 régiments (12 de cuirassiers, 32 de dragons, 21 de chasseurs, 14 de hussards, 6 de chasseurs d'Afrique, 6 de spahis).

Artillerie : 78 régiments (62 régiments montés, 9 régiments d'artillerie à pied, 5 régiments d'artillerie lourde, 2 régiments d'artillerie de montagne).

Génie : 11 régiments (dont 1 de chemin de fer) et 6 bataillons formant corps.

Train des Équipages : 20 escadrons.

Plus 20 sections d'infirmiers et environ 26.000 gendarmes.

En temps de paix, l'effectif des troupes s'élève à *811.900 hommes*. En temps de guerre il pourrait être porté à *4 millions d'hommes* environ.

LIVRE-ATLAS DE GÉOGRAPHIE

PAR MM. VEDEL, BAUER ET DE SAINT-ÉTIENNE

Tableaux graphiques

74 gravures et cartes

QUARANTE-TROISIÈME ÉDITION

PARIS. — LIBRAIRIE LAROUSSE

Rue Montparnasse, 13-17. — Succle : Rue des Écoles, 58 (Sorbonne).

AVIS

Ce nouveau volume de notre **Cours de Géographie** répond tout spécialement au programme du Certificat d'études et correspond au *Cours moyen* des écoles primaires.

La géographie de la France et de ses colonies, considérée au point de vue physique, politique et économique, constitue la partie la plus importante de l'ouvrage.

De plus, et bien que le programme du Cours moyen soit muet sur ce point, nous avons cru devoir introduire dans ce Livre-Atlas, avec des notions générales préparant à l'enseignement géographique proprement dit, une étude suffisamment développée de l'Europe et des autres parties du monde.

Cet ensemble forme un cours à la fois rationnel et complet, bien adapté à l'âge des enfants et aux besoins de l'enseignement primaire élémentaire.

Comme dans le *Cours élémentaire* et le *Cours supérieur*, des cartes très complètes et très lisibles, de jolies gravures, d'intéressants tableaux graphiques illustrent le texte en le commentant. C'est un véritable enseignement par l'aspect, et les élèves apprendront déjà un peu de géographie rien qu'en feuilletant leur Livre-Atlas.

Les questionnaires, les devoirs, les exercices cartographiques ont été très étudiés et sont présentés d'une façon méthodique; ils allégeront la besogne du maître en facilitant des revisions rapides et contribueront à fixer son enseignement dans les jeunes intelligences.

Accroître chez nos enfants l'intérêt que tout le monde doit porter aux études géographiques, à l'heure où la terre entière est explorée, conquise, partagée; leur enseigner à bien connaître leur pays, pour l'apprécier et l'aimer toujours davantage : telle est la tâche que nous nous sommes efforcés de remplir dans les limites de ce modeste ouvrage.

LES AUTEURS.

TABLE DES MATIÈRES

NOTIONS PRÉLIMINAIRES

1. Étoiles. Le Soleil. — L'*Univers* est l'ensemble des corps célestes : étoiles, planètes et comètes.

Les *étoiles* sont des astres lumineux par eux-mêmes; elles conservent toujours la même position les unes par rapport aux autres.

L'étoile la plus rapprochée de nous est le *Soleil*.

Nous sommes distants du Soleil de plus de 148 millions de kilomètres. Un train express, qui ferait 60 kilomètres à l'heure, emploierait environ 266 ans à franchir cet espace prodigieux; la lumière solaire, cependant, nous arrive en 8 minutes.

Un groupe d'étoiles se nomme *constellation* : Ex., la Grande Ourse.

2. Planètes. La Terre. — Les *planètes* ne sont pas lumineuses par elles-mêmes; elles tournent autour du Soleil et en reçoivent lumière et chaleur.

Les principales planètes sont : Mercure, Vénus, la Terre, Mars, Jupiter, Saturne, Uranus et Neptune.

Les planètes sont ordinairement accompagnées de globes plus petits qui tournent autour d'elles tandis qu'elles-mêmes tournent autour du Soleil. Ces globes sont des *satellites*.

La *Terre* que nous habitons est une planète. Elle n'est donc pas immobile dans l'espace; elle tourne à la fois sur elle-même et autour du Soleil.

Ce double mouvement peut se comparer à celui d'une toupie qui pivote sur sa pointe et trace en même temps un grand cercle autour d'un point, en apparence immobile, qui représenterait le Soleil.

La Terre accomplit ce mouvement autour d'une ligne imaginaire qui passerait par son centre et que l'on nomme *axe*. Les deux points où cette ligne est supposée percer la surface du globe s'appellent *pôles*; l'un est le *pôle nord*, l'autre le *pôle sud*.

3. Mouvements de la Terre. — La Terre tourne sur elle-même en *un jour* ou *24 heures*, avec une vitesse de cinq lieues environ par minute.

Dans ce mouvement, elle présente continuellement une moitié de sa surface au Soleil, qui l'éclaire, tandis que l'autre moitié est plongée dans les ténèbres. Ce mouvement de la Terre sur elle-même, appelé *rotation*, produit la succession des *jours* et des *nuits*.

La Terre tourne autour du Soleil en *un an*, ou *365 jours et 6 heures*; plus exactement en 365 jours, 5 heures, 48 minutes.

Ces 6 heures font, tous les 4 ans, un jour qui s'ajoute à la fin de février. Le mois de février compte alors 29 jours au lieu de 28 et l'année est dite *bissextile*; elle a 366 jours au lieu de 365.

Cependant, pour prévenir l'erreur qui résulte du fait de compter 6 heures au lieu de 5 heures 48 minutes, on ne considère pas comme bissextiles les années *séculaires* dont le nombre de siècles n'est pas *divisible par 4*. Ainsi, 1900 n'a pas été une année bissextile, 19 n'étant pas divisible par 4.

Le mouvement de la Terre autour du Soleil est appelé *translation*.

Le chemin que décrit la Terre autour du Soleil, avec une vitesse de 27.000 lieues à l'heure environ, est une courbe allongée nommée *orbite terrestre*.

4. Forme et grandeur de la Terre. — La Terre est ronde comme une boule, bien que légèrement aplatie vers les pôles et renflée à l'équateur.

Elle a 40.000 kilomètres ou 10.000 lieues de tour.

La Terre est 1.400.000 fois plus petite que le Soleil.

5. La Lune. — La *Lune* aussi est une planète, et, comme la Terre, elle reçoit la lumière du Soleil.

La Lune est 50 fois plus petite que notre globe, dont elle est distante de 375.000 kilomètres. Cet espace serait franchi en 253 jours par le même train qui mettrait 266 ans pour aller au Soleil.

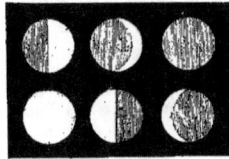

La Lune, tout en tournant sur elle-même, tourne autour de la Terre (en 27 jours 8 heures); c'est à cause de cela qu'elle est appelée *satellite de la Terre*.

Éclairée par le Soleil, elle se présente à nous sous différents aspects ou *phases*; elle prend successivement la forme d'un croissant, d'un demi-cercle ou d'un cercle, suivant la position qu'elle occupe par rapport à la Terre ou au Soleil. On distingue quatre phases principales : *nouvelle Lune, premier quartier, pleine Lune, dernier quartier*.

PHASES DE LA LUNE : 1. Nouvelle Lune (invisible); — 2. Croissant de la Lune avant le premier quartier; — 3. Premier quartier; — 4. Pleine Lune; — 5. Dernier quartier; — 6. Croissant de la Lune après le dernier quartier.

6. Éclipses. — Lorsque la Lune passe exactement entre la Terre et le Soleil, elle cache l'astre du jour à une partie de la Terre; il y a *éclipse de Soleil* en ce point.

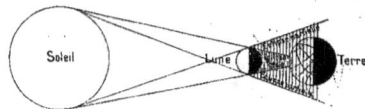

Éclipse du Soleil.

DEVOIRS. — 1. Qu'est-ce que l'Univers? Quelle est l'étoile la plus rapprochée de nous? Qu'appelle-t-on constellation? — 2. Qu'est-ce qu'une planète? — Nommez les principales planètes. Parlez de la Terre, considérée comme planète. Qu'appelle-t-on axe de la Terre? Où sont situés les deux pôles? — 3. En combien de temps la Terre tourne-t-elle; 1° sur elle-même; 2° autour du Soleil? — 4. Combien de kilomètres a le tour de la Terre? — 5. Quel temps met la Lune pour tourner autour de la Terre? Citez les différentes phases de la Lune. — 6. Quand y a-t-il : 1° éclipse de Soleil; 2° éclipse de Lune?

Lorsque, au contraire, c'est la Terre qui passe exactement entre le Soleil et la Lune, elle empêche les rayons solaires d'arriver à son satellite ; il y a *éclipse de Lune*.

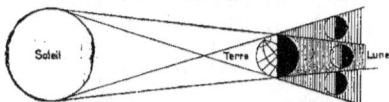

Éclipse de Lune.

Pour qu'il y ait éclipse, il faut que les trois astres, Soleil, Terre, Lune, se trouvent sur une même ligne droite. Les éclipses sont *totales* ou *partielles* suivant que tout ou partie du Soleil ou de la Lune disparaît à notre vue.

7. Comètes.

Les *comètes* sont des corps errants accompagnés d'une traînée lumineuse appelée *queue*. Le Soleil et le cortège d'astres qui gravitent autour de lui forment un ensemble qu'on nomme *système solaire*.

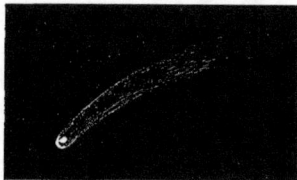

Comète.

8. Les Saisons. — Dans son double mouvement autour du Soleil, la Terre incline vers lui tantôt le pôle nord, tantôt le pôle sud.

Ce mouvement donne lieu aux *saisons*.

Dans nos contrées, il y a quatre saisons : le *printemps*, l'*été*, l'*automne* et l'*hiver*.

Le PRINTEMPS commence le 20 mars, à l'*équinoxe de printemps*, époque à laquelle le jour et la nuit sont égaux en durée.

L'ÉTÉ commence le 21 juin, au *solstice d'été*, époque où le jour est le plus long de l'année.

L'AUTOMNE commence le 22 septembre, à l'*équinoxe d'automne*, époque à laquelle le jour et la nuit sont égaux en durée.

L'HIVER commence le 21 décembre, au *solstice d'hiver*, époque où le jour est le plus court de l'année.

Les parties de la Terre qui reçoivent plus directement les rayons solaires ont le printemps ou l'été ; les parties opposées ont l'automne ou l'hiver.

9. L'Horizon. Preuve de la rotondité de la Terre.

Placez-vous sur un point élevé, au milieu d'une plaine, et regardez autour de vous. Que voyez-vous très loin, à l'endroit où votre vue s'arrête ?

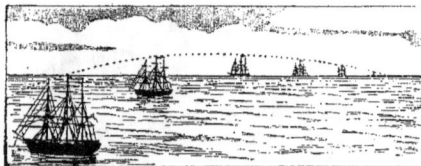

Une preuve de la rotondité de la Terre.

Vous voyez une ligne circulaire où ciel et terre semblent se confondre : cette ligne se nomme l'*horizon*.

L'*horizon* est la ligne qui limite notre vue.

Supposez-vous placé sur le bord de la mer, et regardez un navire qui s'éloigne. Si la surface sur laquelle il glisse était plane, vous verriez sa grosseur diminuer peu à peu, mais vous l'apercevriez toujours tout entier. Est-ce ainsi que les choses se passent ? Non : vous commencez par perdre de vue la coque du navire, et quand celle-ci n'est plus visible, vous continuez de voir les mâts, puis seulement leur extrémité, et le pavillon qui flotte au sommet du plus élevé est la dernière chose qui disparaît. Cela prouve que le navire suit une ligne courbe, sur laquelle il semble descendre.

10. Les quatre Points cardinaux. — Le Soleil apparaît le matin en un point de l'horizon et disparaît le soir du côté opposé.

L'endroit où le Soleil paraît le matin se nomme *levant*, *est* ou *orient*. Le côté opposé, où il disparaît le soir, se nomme *couchant*, *ouest* ou *occident*.

Quand on a le Soleil levant à sa droite, le couchant est

Les quatre points cardinaux.   Rose des vents.

à gauche, le *nord* ou *septentrion* est devant soi, le *sud* ou *midi* derrière.

Le *nord*, le *sud*, l'*est* et l'*ouest* sont les quatre points cardinaux.

Entre ces quatre points cardinaux, on place quatre autres points intermédiaires appelés *points collatéraux* : le *nord-est*, entre le nord et l'est ; le *nord-ouest*, entre le nord et l'ouest ; le *sud-est*, entre le sud et l'est ; le *sud-ouest*, entre le sud et l'ouest.

La figure qui représente tous ces points se nomme la *rose des vents*.

11. L'Orientation. — Il est nécessaire aux voyageurs, et surtout aux marins, de *s'orienter*, c'est-à-dire de reconnaître la direction de l'orient et des autres points cardinaux.

Dans le jour, il est facile de s'orienter à l'aide du *Soleil* ; pendant la nuit, l'*Étoile polaire* indique la direction du nord.

L'*Étoile polaire* est une étoile de moyen éclat, assez isolée pour qu'on la distingue tout de suite dans un ciel clair, quand on la connaît bien.

Boussole.   Étoile polaire.

Voici d'ailleurs une manière sûre de la trouver. En examinant le ciel on ne peut manquer de distinguer la constellation de la *Grande-Ourse* (appelée aussi *Chariot de David*), formée de sept étoiles : quatre disposées en quadrilatère figurent les roues du chariot ; trois autres, en ligne brisée, figurent les trois chevaux du char. Tirez par la pensée une ligne droite passant par les deux roues de derrière du chariot; sur cette direction, à une distance égale à trois fois la distance des roues, vous verrez l'Étoile polaire scintillant avec plus d'éclat que les étoiles ses voisines.

Mais lorsque le ciel est couvert de nuages, et qu'on ne peut apercevoir ni le Soleil, ni l'Étoile polaire, on s'oriente au moyen d'un instrument très précieux, la *boussole*.

La boussole se compose d'un cadran autour duquel sont marqués les points cardinaux et les points collatéraux qui forment la rose des vents. Au centre du cadran, sur un pivot, se meut librement l'aiguille dont la pointe aimantée se tourne vers le nord.

12. Représentation de la Terre.

— Pour représenter la Terre on se sert, soit de *globes* ou *sphères* mobiles sur un pied, soit de *cartes* planes qui sont plus commodes.

Pour bien vous rendre compte de la représentation de la Terre sur une carte plane, figurez-vous qu'on a coupé le globe terrestre en deux parties, comme vous coupez une orange, de haut en bas, et qu'on a placé les deux demi-boules l'une à côté de l'autre en les aplatissant. (V. page 7.)

.... Terre dans l'espace.

Sphère mobile sur pied.

La carte qui représente ces deux demi-boules, ces deux demi-sphères, se nomme *planisphère* (sphère sur un plan) ou *mappemonde* (nappe du monde).

13. Orientation sur une carte.

— Sur une carte qui représente la Terre ou une de ses parties, le *nord* est en haut; le *sud*, en bas; l'*est*, à droite; l'*ouest*, à gauche.

14. Pôles. Équateur.

— L'extrémité nord de l'axe terrestre s'appelle le *pôle nord*; l'extrémité sud, le *pôle sud* (Voir p. 3, n° 2).
Le grand cercle imaginaire qui entoure la Terre comme une ceinture, à égale distance des deux

Orientation sur la carte.

pôles, se nomme *équateur*, mot qui veut dire : ligne de partage égal.

L'équateur divise la Terre en deux demi-sphères ou *hémisphères* : l'*hémisphère nord* ou *boréal* (ainsi nommé de Borée, le vent du nord), et l'*hémisphère sud* ou *austral* (d'Auster, le vent du sud). [Voir p. 10.]

L'équateur, comme toute circonférence, est divisé en 360 degrés; il mesure 40.000 kilomètres.

15. Tropiques. Cercles polaires.

— Sur les globes terrestres figurent deux cercles, situés l'un au nord de l'équateur, le *tropique du Cancer;* l'autre au sud, le *tropique du Capricorne.*

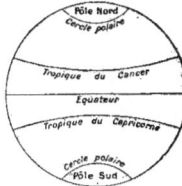

C'est entre les deux tropiques que s'effectue le mouvement annuel apparent du Soleil autour de la Terre. Le Soleil atteint le tropique du Cancer au *solstice d'été*, et le tropique du Capricorne *au solstice d'hiver.*

TROPIQUES. — Cercles polaires.

Entre les tropiques et les pôles se trouvent les *cercles polaires* : au nord, le cercle polaire arctique; au sud, le cercle polaire antarctique.

À l'équateur, le jour et la nuit sont toujours de douze heures.
Pour les lieux situés entre l'équateur et les cercles polaires, la longueur des jours varie avec les saisons.
Aux pôles, le jour est de six mois et la nuit de même durée.

16. Parallèles. Méridiens.

— Les lignes courbes qui sont supposées tracées sur la Terre, parallèlement à l'équateur, se nomment *parallèles*.
Les grands cercles qui passent par les pôles, et coupent l'équateur perpendiculairement, se nomment *méridiens*.
Le méridien à partir duquel on compte les autres est le *méridien d'origine* ou 1er méridien : il est marqué zéro.
Le méridien zéro de la France passe à Paris.

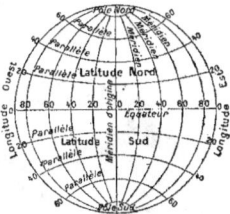

Parallèles et Méridiens.

17. Longitude. Latitude.

— La distance d'un point au 1er méridien se nomme la *longitude* de ce lieu. La longitude se compte en degrés sur l'équateur, à partir du méridien d'origine.

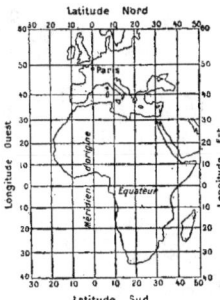

La longitude est *occidentale* (longitude ouest) ou *orientale* (longitude est), suivant que le point se trouve à l'*ouest* ou à l'*est* du 1er méridien.

La distance d'un lieu quelconque à l'équateur donne la *latitude* de ce lieu. La latitude se compte en degrés sur le méridien à partir de l'équateur. L'équateur est marqué zéro.

Longitude et Latitude.

La latitude est *septentrionale* (latitude nord) ou *méridionale* (latitude sud) suivant que le point se trouve au nord ou au sud de l'équateur.

Les degrés de longitude et de latitude servent à déterminer la position d'un lieu sur le globe.

DEVOIRS.— 12. Comment représente-t-on la Terre ? — 13. Où se trouvent les points cardinaux sur une carte ? — 14. Qu'est-ce que l'équateur ? — 15. Qu'appelle-t-on tropiques et cercles polaires ? — 16. Expliquez ce que sont les parallèles et les méridiens.—17. Qu'appelle-t-on longitude et latitude ? — Dire la longitude et la latitude de Petrogra

18. Antipodes. — Nous appelons *antipode* le point de la surface terrestre directement opposé à celui que nous occupons. La Nouvelle-Zélande est aux antipodes de la France.

Les hommes qui vivent aux antipodes ont les pieds opposés aux nôtres : ils sont maintenus au sol par la même force qui nous y retient ; comme nous, ils ont la Terre sous leurs pieds et le ciel au-dessus de la tête.

Il n'y a donc, en réalité, ni haut ni bas sur le globe terrestre.

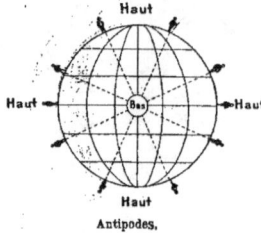

Antipodes.

19. Climats. — Le *climat* d'une région dépend, en majeure partie, de son éloignement de l'équateur.

Les tropiques et les cercles polaires découpent le globe terrestre en cinq bandes ou *zones*, où le Soleil darde ses rayons plus ou moins directement.

Entre les tropiques, c'est la zone la plus chaude, la *zone torride ;* les *deux zones tempérées* s'étendent des tropiques aux cercles polaires ; les *deux zones glaciales* sont aux pôles.

Ces cinq zones déterminent *cinq climats principaux.*

On distingue encore le climat maritime et le climat continental.

Les zones.

Le *climat maritime* est propre aux contrées voisines de la mer ; il est généralement doux.

Le *climat continental* est particulier aux contrées situées dans l'intérieur des terres ; il est le plus souvent excessif : les hivers sont très froids, les étés très chauds.

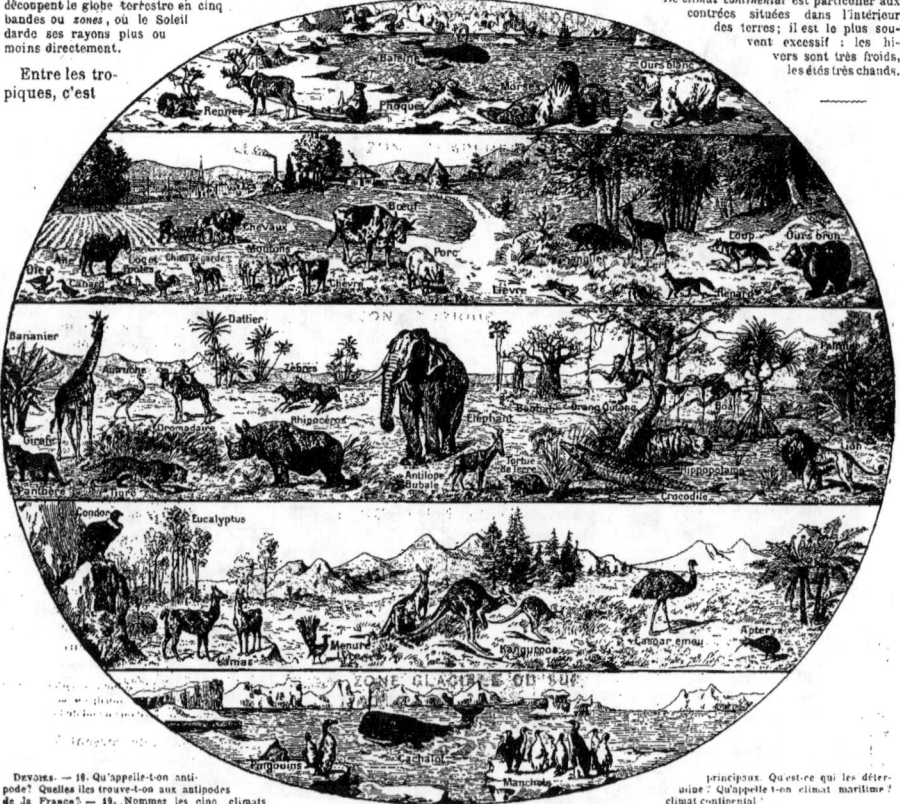

LES CINQ ZONES avec leurs animaux.

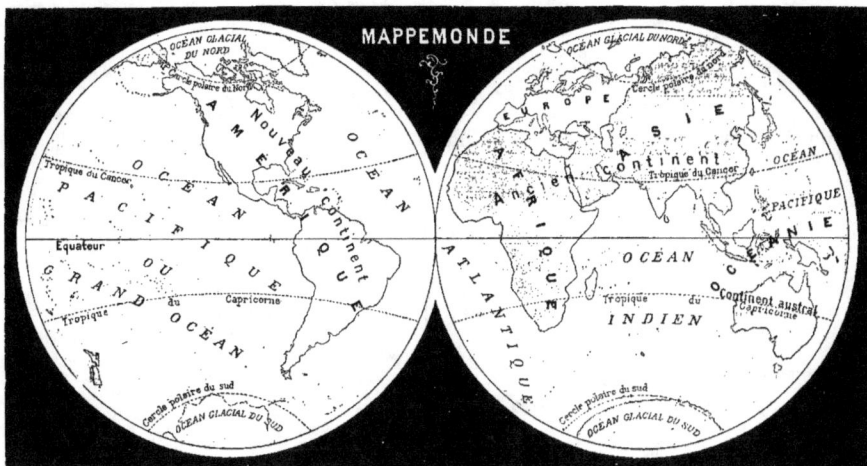

MAPPEMONDE

Hémisphère occidental.   Hémisphère oriental.

TERMES GÉOGRAPHIQUES

1. Mers et Continents. — La *géographie* est la description de la surface de la Terre.

La surface terrestre est aux trois quarts recouverte d'un prodigieux amas d'eau salée, toujours en mouvement, nommé *océan* ou *mer;* l'autre quart forme les terres.

Les terres présentent de grandes masses distinctes que l'on appelle *continents* (terres qui se tiennent).

Un *continent* est une grande étendue de terres qu'on peut parcourir sans traverser la mer.

Il y a trois continents :

Le continent placé sur l'hémisphère oriental de la mappemonde se nomme l'*ancien continent* ou ancien monde. C'est le plus grand et le plus anciennement connu.

Le continent placé sur l'hémisphère occidental se nomme le *nouveau continent* ou nouveau monde. Il a été découvert par Christophe Colomb en 1492.

Enfin, au sud-est de l'ancien continent, se trouve un troisième continent appelé *continent austral*.

2. Les Cinq parties du monde. — L'ensemble des terres répandues à la surface du globe a été divisé en cinq groupes qu'on nomme les *cinq parties du monde.*

Les cinq parties du monde sont : l'*Europe*, l'*Asie*, l'*Afrique*, l'*Amérique* et l'*Océanie*.

L'ancien continent comprend : l'Europe, l'Asie et l'Afrique.

Le nouveau continent se nomme l'Amérique.

Le continent austral et les terres qui l'environnent forment l'Océanie (terres au milieu de l'Océan).

3. Les Cinq océans. — On divise la mer en *cinq océans :*

1° L'océan *Atlantique*, situé entre l'Europe et l'Afrique à l'est, l'Amérique à l'ouest ;

2° L'océan *Pacifique* ou *Grand Océan*, limité par l'Amérique à l'est, l'Asie et l'Océanie à l'ouest ;

3° L'océan *Indien*, entre l'Afrique et l'Océanie, au sud de l'Asie ;

4° L'océan *Glacial du Nord* ou *Arctique*, autour du pôle nord ;

5° L'océan *Glacial du Sud* ou *Antarctique*, autour du pôle sud.

Chaque océan se subdivise en un certain nombre de *mers*, comme la mer Méditerranée, la mer Noire, etc.

4. Rivage. Côte. — Les bords des continents, c'est-à-dire la partie des continents qui touche à la mer, se nomment *rivage*, *côte* ou *littoral.*

Un rivage plat, couvert de galets ou de sable, se nomme *grève* ou *plage.*

DEVOIRS. — 1. Qu'est-ce que la géographie? Comment se répartissent les eaux et les terres sur notre globe? Qu'appelle-t-on continent? Citez les continents et dites où ils sont placés. — 2. Comment divise-t-on les terres? Nommez les cinq parties du monde. — Que comprend l'ancien continent? le nouveau continent? le continent austral? — 3. Combien y a-t-il d'océans? Citez-les et dites où ils sont situés. Comment se subdivisent-ils? — 4. Comment nomme-t-on les bords des continents?

Souvent la côte est bordée de rochers; quand ceux-ci se dressent à pic au-dessus des flots, ce sont des *falaises*.

Les *dunes* sont des amas de sable, accumulés au bord de la mer par les vents.

Les rochers à fleur d'eau se nomment *récifs*, *écueils* ou *brisants*. Pour éviter les périls qu'ils font courir aux navigateurs, on élève, sur les côtes, des *phares* que l'on allume la nuit.

5. Golfe et Baie. Détroit. Ile. Presqu'île et Cap. Isthme. — Un golfe est une partie de mer qui s'avance dans les terres. Un petit golfe se nomme *baie* ou *anse*.

Une *rade* est un golfe dont l'entrée est étroite et qui peut abriter des navires.

Un *port* est un petit golfe aménagé par l'homme et où les vaisseaux abordent facilement.

Un **détroit** est un passage resserré entre deux terres et qui fait communiquer deux mers.

Certains détroits se nomment *pas* ou *canal;* les *goulets* et les *pertuis* sont des passages très étroits.

Une **île** est un espace de terre entouré d'eau de tous côtés.

Un groupe d'îles se nomme *archipel;* un **îlot** est une petite île.

Une **presqu'île** est une terre presque entourée d'eau de toutes parts et ne tenant au continent que d'un seul côté; elle prend le nom de *péninsule* lorsqu'elle est grande.

Un **cap** est une pointe de terre qui s'avance dans la mer; on l'appelle *promontoire* lorsqu'il est élevé.

Un **isthme** est une bande de terre généralement étroite qui relie deux terres.

6. Plaines. Montagnes et Volcans. — La surface des continents et des îles présente des plaines, des plateaux et des montagnes. L'ensemble de ces accidents de terrain forme ce qu'on appelle le *relief du sol*.

Une **plaine** est un terrain plat, uni, peu élevé au-dessus de la mer.

Un *plateau* est un terrain élevé et plat.

Un *coteau*, une *colline* sont de petites élévations de terre; une *butte*, un *monticule*, sont des élévations moindres qu'une colline.

Une **montagne** est une masse de terre élevée et rocheuse. Une suite de montagnes forment une *chaîne;* plusieurs chaînes groupées les unes autour des autres prennent le nom de *massif*.

Les *contreforts* sont des chaînons qui se détachent de la chaîne principale.

Un sommet arrondi prend parfois le nom de *ballon* ou de *dôme;* un sommet pointu se nomme *pointe, aiguille, pic, dent*.

Le bas de la montagne en est le *pied;* la partie la plus élevée en est le *sommet,* le *faîte,* la *cime,* la *crête*.

Le *flanc* est la *pente* est la partie de la montagne comprise entre le pied et le sommet.

Le *versant* est l'ensemble des pentes qui se trouvent d'un même côté d'une chaîne de montagnes.

La *ligne de faîte* est la ligne qui passe par la suite des sommets d'une chaîne de montagnes.

Une *vallée* est l'espace compris entre deux montagnes ou deux chaînes de montagnes ou de collines.

Une petite vallée prend le nom de *vallon*.

Les passages à travers les montagnes se nomment *col, défilé, gorge, pas*.

Un **volcan** est une montagne qui rejette de la cendre, des matières enflammées, par une ouverture appelée *cratère*.

Un *désert* est une plaine peu habitée, généralement dépourvue d'eau et de végétation.

Les *steppes* et les *pampas* sont des plaines sablonneuses qui ne produisent que de l'herbe; les *landes* sont couvertes de bruyères.

Une *oasis* est un espace arrosé et verdoyant au milieu du désert.

7. Fleuves. Rivières et Bassins. Lacs. — Les cours d'eau proviennent soit de la fonte des neiges et des glaciers, soit des eaux de pluie.

Les **fleuves** sont des cours d'eau qui se rendent dans la mer.

On appelle *source* l'endroit où le fleuve commence, et *embouchure* l'endroit où il se jette dans la mer.

L'*estuaire* est une embouchure large et évasée.

On nomme *delta* le pays situé entre les branches, les bras d'un fleuve qui a plusieurs embouchures et à limon.

Les fleuves mettent l'intérieur d'un continent en communication avec la mer.

Les **rivières** sont des cours d'eau qui se jettent dans un fleuve ou dans une autre rivière; on les nomme *torrents* lorsqu'ils coulent très vite.

Les *ruisseaux* sont de petites rivières.

L'endroit où deux cours d'eau se réunissent se nomme le **confluent**, et le plus petit est l'*affluent* du plus grand.

Les deux bords d'un cours d'eau se nomment les *rives*. Si l'on descend le courant, à sa droite on a la *rive droite,* et, à gauche, la *rive gauche*.

Un lieu est dit *en amont* d'un autre quand il est plus près que cet autre de la source du fleuve; il est dit *en aval* lorsqu'il est situé plus bas, dans le sens du courant.

Lorsque le cours d'un fleuve est embarrassé de rochers ou coupé par un précipice, l'eau forme en tombant une *chute,* une *cascade,* une *cataracte* ou simplement des *rapides*.

Le *lit d'un cours d'eau* est l'espace resserré et creux dans lequel il coule.

Le **bassin** d'un fleuve est l'étendue de pays arrosée par ce fleuve et ses affluents.

On nomme *bassin d'une mer* l'étendue de territoire arrosée par les fleuves qu'elle reçoit.

La *ceinture d'un bassin* est la suite des terres plus ou moins élevées où les cours d'eau du bassin ont leur source.

La *ligne de partage des eaux* est formée par la suite des hauteurs qui limitent deux bassins.

Un **lac** est un grand amas d'eau au milieu des terres.

Un *étang* est un petit lac alimenté par un ruisseau.

On appelle *marais* ou *mare* un amas d'eau stagnante et peu profonde.

Les *marécages* sont des endroits pleins de marais.

DEVOIRS. — 4. Expliquez les mots plage; falaise; dune; récif. — 5. Qu'appelle-t-on golfe? détroit? île? presqu'île? cap? isthme? — 6. Qu'est-ce qu'une plaine? une montagne? un volcan? Qu'appelle-t-on relief du sol? Comment nomme-t-on les petites élévations? Qu'est-ce qu'un contrefort? Quels noms, suivant leur forme, donne-t-on aux sommets des montagnes? Quels noms donne-t-on aux différentes parties d'une montagne? Expliquez les mots désert; steppe; lande; oasis. Qu'est-ce qu'un volcan? — 7. Qu'appelle-t-on source? ruisseau? torrent? rivière? fleuve? embouchure? estuaire? delta? rive droite? rive gauche? Que veut dire en amont? en aval? Qu'appelle-t-on confluent? cascade? lit d'un cours d'eau? bassin d'un fleuve? ceinture d'un bassin? ligne de partage des eaux? lac? étang? marais? marécage?

TERMES GÉOGRAPHIQUES.

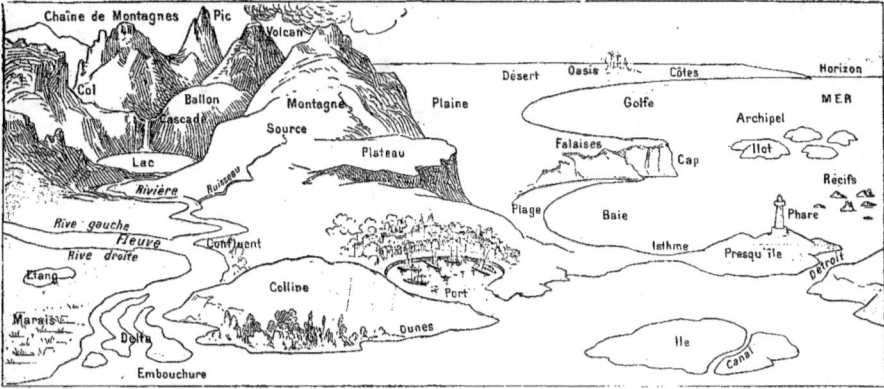

Chaîne de Montagnes — Pic — Volcan — Col — Ballon — Cascade — Montagne — Plaine — Désert — Oasis — Côtes — Horizon — Golfe — M E R — Archipel — Source — Plateau — Falaises — Cap — Îlot — Récifs — Lac — Plage — Baie — Phare — Rivière — Ruisseau — Isthme — Presqu'île — Détroit — Rive gauche — Fleuve — Confluent — Rive droite — Étang — Colline — Port — Île — Canal — Marais — Delta — Dunes — Embouchure

Désert — Oasis — Plaine — Chaîne de Montagnes — Pic — M E R — Col — Volcan — Côtes — Golfe — Ballon — Archipel — Îlot — Lac — Montagne — Falaises — Cap — Récifs — Source — Plateau — Ruisseau — Plage — Baie — Phare — Rivière — Rive gauche — Fleuve — Confluent — Isthme — Presqu'île — Détroit — Rive droite — Étang — Port — Colline — Marais — Dunes — Île — Canal — Delta — Embouchure

Vignet Demoulin Sc.

1. LES TERRES ET LES EAUX représentées telles qu'on les voit.

2. LES TERRES ET LES EAUX telles qu'on les représente sur un plan ou sur une carte.

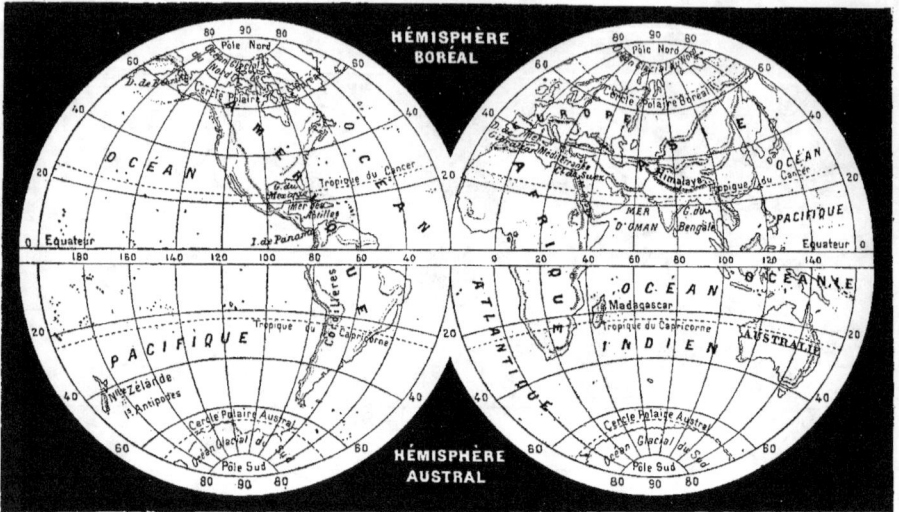

MAPPEMONDE COUPÉE EN HÉMISPHÈRES BORÉAL ET AUSTRAL.

8. Grandeur des Continents et des Océans.

Les continents et les mers sont inégalement répartis sur le globe. La majeure partie des terres se trouve dans l'hémisphère nord ou boréal, tandis que les eaux occupent presque entièrement l'hémisphère austral.

L'océan Pacifique, à lui seul, est aussi vaste que tous les autres océans ensemble ; son étendue est supérieure à celle de toutes les terres réunies.

De même, les continents sont d'inégale grandeur : l'ancien monde a une surface presque double de celle du nouveau.

L'Asie est la plus grande des cinq parties du monde : sa superficie est quatre fois et demie celle de l'Europe.

L'Amérique est quatre fois plus grande que l'Europe ; l'Afrique, trois fois plus grande ; l'Australie, enfin, est presque aussi grande que le continent européen.

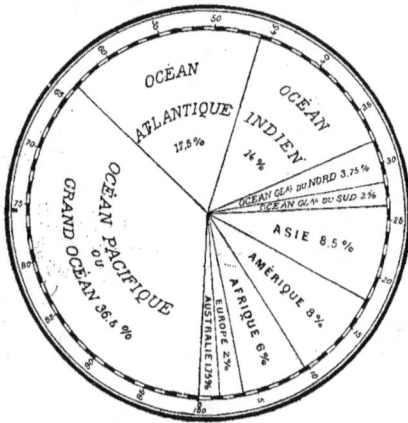

Grandeur comparée des Continents et des Océans.

9. Les Courants et les Marées. —

Les eaux de la mer sont en perpétuel mouvement. Cette agitation est occasionnée par les courants, les marées et les vents.

Les *courants maritimes* sont dus principalement à la rotation de la Terre.

Les *marées* sont dues à l'attraction que le Soleil et la Lune exercent sur notre globe. Deux fois par jour, les eaux de l'Océan s'élèvent et s'abaissent, par un mouvement régulier, et produisent le *flux* et le *reflux*. La durée de chaque marée est de six heures environ.

10. Les Vents. —

Les vents sont des courants d'air qui se forment dans l'atmosphère. Ils sont secs ou humides suivant qu'ils viennent des continents ou de la mer ; froids ou chauds selon qu'ils soufflent des pôles ou de l'équateur.

DEVOIRS. — 8. Dans quel hémisphère se trouve la plus grande partie des terres ? Que renferme l'hémisphère austral ? Quel est le plus grand continent ? la plus grande des cinq parties du monde ? — 9. Les eaux de la mer sont-elles immobiles ? Expliquez la cause des courants, des marées ? Qu'appelle-t-on le flux et le reflux ? — 10. Par quoi sont produits les vents ? Quand est-ce que les vents sont secs ou humides, froids ou chauds ?

DANS LE NORD DE L'EUROPE.

EUROPE PHYSIQUE

L'Europe occupe le nord-ouest de l'ancien continent. C'est la plus petite des cinq parties du monde ; mais c'est la plus importante par sa civilisation, par sa richesse et par l'activité de ses habitants.

1. Limites. — L'Europe est bornée : au nord, par l'océan Glacial du nord ; à l'ouest, par l'océan Atlantique ; au sud, par la Méditerranée, la mer Noire et les monts Caucase. La mer Caspienne, le fleuve Oural et les monts Ourals forment ses limites à l'est.

2. Mers et Golfes. — Les côtes de l'Europe sont très découpées et les mers qui les baignent pénètrent fort avant dans les terres.

L'OCÉAN GLACIAL forme la mer Blanche.

L'OCÉAN ATLANTIQUE forme la mer Baltique, avec les golfes de Finlande et de Riga ; — la mer du Nord et le golfe de Zuyderzée ; — la Manche, la mer d'Irlande et le golfe de Gascogne ou mer de France.

La mer MÉDITERRANÉE forme : les golfes du Lion et de Gênes, la mer Tyrrhénienne, la mer Ionienne, la mer Adriatique, l'Archipel, la mer de Marmara, la mer Noire et la mer d'Azov.

3. Détroits. — La mer du Nord communique avec la mer Baltique par le Skager-Rack, le Cattégat et le Sund. De la mer du Nord on passe dans la Manche par le Pas de Calais.

Le détroit de Gibraltar fait communiquer l'océan Atlantique avec la Méditerranée.

De l'Archipel on va dans la mer Noire en passant par le détroit des Dardanelles, la mer de Marmara et le Bosphore ou détroit de Constantinople.

4. Caps. — Les principaux caps sont : le cap Nord, à l'extrémité nord de la Suède ; le cap Saint-Mathieu, à l'extrémité ouest de la France ; le cap Saint-Vincent, au sud-ouest du Portugal ; le cap Matapan, au sud de la Grèce.

5. Iles. — De nombreuses îles dépendent du continent européen.

Dans l'océan Glacial se trouvent le Spitzberg et la Nouvelle-Zemble, îles perdues au milieu des glaces et des brouillards, et où l'on va pêcher la baleine et les phoques.

Dans l'océan Atlantique on distingue, au nord-ouest, une grande île glacée : l'Islande qui, avec les îles Fær-œr, appartient au Danemark. Plus au sud, les îles Britanniques, composées de la Grande-Bretagne (Angleterre et Écosse) et de l'Irlande, ont comme dépendances les Shetland, les Orcades et les Hébrides. A l'entrée de la mer Baltique se trouvent les îles danoises : Seeland et Fionie.

La Méditerranée renferme, dans sa partie occidentale, les îles Baléares (à l'Espagne), la Corse (à la France), la Sardaigne et la Sicile (à l'Italie), Malte (à l'Angleterre). Dans sa partie orientale, les îles Ioniennes et la Crête appartiennent à la Grèce ; les nombreuses îles de l'Archipel sont ou grecques ou turques ; Rhodes, dans le groupe dit du « Dodécanèse », est italienne.

6. Presqu'îles. — Les côtes irrégulières de l'Europe présentent de grandes presqu'îles ou péninsules.

Au nord, la péninsule Scandinave (Suède et Norvège) s'allonge entre l'océan Atlantique et la mer Baltique ; en face, le Jutland (en Danemark) sépare la mer Baltique de la mer du Nord.

Au sud-ouest, entre l'océan Atlantique et la Méditerranée, la péninsule Ibérique (Espagne et Portugal) forme une masse carrée ; au sud, dans la Méditerranée, la péninsule Italique (Italie) a la forme d'une botte ; au sud-est, la presqu'île des Balkans se termine par la Morée (en Grèce) ; la presqu'île de Crimée (en Russie) s'avance entre la mer Noire et la mer d'Azov.

7. Plaines et Montagnes. — Le nord et l'est de l'Europe sont formés de grandes plaines ; le sud, au contraire, est très montagneux.

Les Alpes, entre la France, l'Italie, la Suisse et l'Autriche

DEVOIRS. — 1. Où est située l'Europe et quelles sont ses limites ? — 2. Dites les mers et les golfes formés : 1° par l'océan Glacial ; 2° par l'océan Atlantique ; 3° par la Méditerranée. — 3. Nommez les détroits qui font communiquer ces mers. — 4. Citez les principaux caps. — 5. Quelles sont les principales îles de l'océan Glacial ? de l'océan Atlantique ? de la Méditerranée ? — 6. Nommez les presqu'îles de l'Europe. — 7. Quelles sont les principales montagnes de l'Europe ?

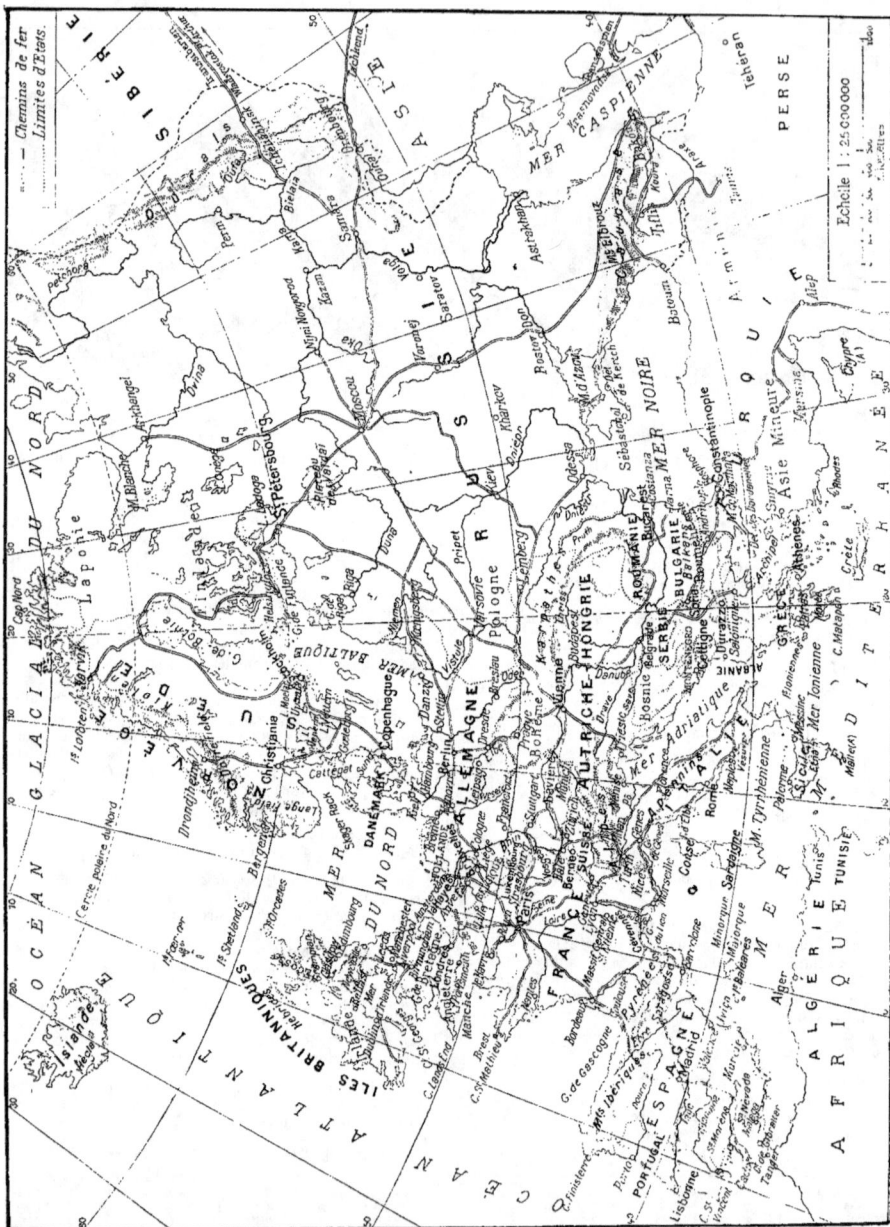

Échelle 1 : 25 000 000

— — Chemins de fer
— — — Limites d'États.

DANS LE CENTRE DE L'EUROPE

forment un grand massif, le plus important de l'Europe. Elles atteignent 4.810 mètres au *mont Blanc*, et sont couvertes de glaciers et de neiges éternelles.

Autour des Alpes se groupent d'autres chaînes de montagnes.

Les *monts d'Auvergne* et les *Cévennes*, en France ; les *Pyrénées*, entre la France et l'Espagne ; les *monts Ibériques*, la *sierra Morena* et la *sierra Nevada*, en Espagne ; les *Vosges*, entre la France et l'Alsace ; le *Jura*, entre la France et la Suisse ; le *Plateau de Bohême* et les *Karpathes*, en Autriche ; les *Apennins*, en Italie ; les *monts Balkans*, dans la presqu'île du même nom.

Le *Caucase*, où se trouve le mont Elbrouz, le pic le plus haut de l'Europe (5.000 mètres), s'élève entre la mer Noire et la mer Caspienne ; les *monts Ourals* s'étendent entre la Russie d'Europe et la Russie d'Asie ; les *monts Kiölen* ou *Scandinaves* séparent la Suède et la Norvège.

8. Volcans. — L'Europe possède aussi quelques volcans : le *mont Hécla* en Islande ; le *mont Vésuve*, près de Naples, en Italie ; le *mont Etna* en Sicile.

9. Fleuves. — Les cours d'eau qui descendent de ces montagnes suivent deux pentes. Les uns se dirigent vers le nord et l'ouest pour se rendre dans l'océan Atlantique et les mers qui en dépendent ; les autres coulent au sud, dans la Méditerranée, la mer Noire et la mer Caspienne.

Au nord : la *Dwina*, se jette dans la mer Blanche ; la *Néva*, la *Duna*, le *Niémen*, la *Vistule*, et l'*Oder* se rendent dans la mer Baltique ; l'*Elbe*, le *Rhin*, la *Meuse* et la *Tamise* dans la mer du Nord.

A l'ouest : la *Seine* se jette dans la Manche ; la *Loire*, la *Garonne*, le *Douro*, le *Tage* et le *Guadiana* s'écoulent dans l'Atlantique.

Au sud : la Méditerranée reçoit l'*Èbre*, le *Rhône* et le *Tibre* ; le *Pô* coule dans la mer Adriatique ; le *Danube*, le *Dniester* et le *Dniepr* dans la mer Noire ; le *Don* dans la mer d'Azov ; la *Volga* et l'*Oural* dans la mer Caspienne.

10. Rivières. — Ces fleuves reçoivent de nombreux affluents ; les plus importants sont : la *Moselle*, qui se jette dans le Rhin ; l'*Inn*, la *Drave*, la *Save*, la *Theiss* et le *Pruth*, qui se rendent dans le Danube.

11. Lacs. — Les lacs européens sont répartis en quatre groupes principaux : 1° les *lacs Venern, Wettern, Mœlar*, en Suède ; 2° les *lacs Ladoga, Onéga*, et *Peïpous*, en Russie ; 3° les *lacs de Genève, de Neuchâtel, de Lucerne, de Zurich, de Constance*, en Suisse ; 4° les *lacs Majeur, de Côme et de Garde*, en Italie.

EUROPE POLITIQUE

L'Europe peut être partagée en trois régions naturelles : la région septentrionale, la région centrale, la région méridionale. Chacune de ces régions comprend plusieurs États, qui diffèrent les uns des autres par les mœurs et le langage.

ÉTATS DU NORD

1. Les Iles Britanniques (46.185.000 d'hab.) se composent de l'*Angleterre*, capitale *Londres* ; de l'*Écosse*, capitale *Édimbourg* ; de l'*Irlande*, capitale *Dublin*, et de quelques petits archipels.

La Grande-Bretagne comprend l'**Angleterre** au sud et l'**Écosse** au nord.

LONDRES s'élève sur la Tamise. C'est le premier port du monde et la ville la plus peuplée du globe (4.721.000 hab.).

Villes pr. : *Liverpool*, sur la mer d'Irlande (746.000 hab.) ; *Manchester* (714.000 hab.) ; *Birmingham* (526.000 hab.) ; *Glasgow*, grand port de l'Écosse.

Productions : La Grande-Bretagne tient le premier rang pour la production de la houille, le commerce, l'industrie, la marine. — Bœufs, moutons, chevaux renommés.

2. Le petit royaume de Danemark (2.775.000 hab.) comprend le *Jutland* et l'*Archipel danois*.

La capitale est COPENHAGUE (359.000 hab.) dans l'île Seeland.

Productions : Le Danemark, pays essentiellement agricole, est plat, sablonneux et humide ; la pêche est sa seule industrie.

3. La Scandinavie forme les royaumes de **Suède** (5.522.000 hab.) et de **Norvège** (2.392.000 hab.).

STOCKHOLM (350.000 hab.) est la capitale et le premier port de la Suède. CHRISTIANIA (244.000 hab.), au fond d'un fiord, est la capitale de la Norvège.

DEVOIRS. — 8. Citez les principaux volcans de l'Europe. — 9. Comment se répartissent les différents cours d'eau? Nommez les cours d'eau qui se dirigent : 1° au nord ; 2° à l'ouest; 3° au sud. — 10 Quelles sont les rivières importantes qui se rendent dans le Danube ? — 11. Où se trouvent situés les lacs de l'Europe et quels sont-ils?

1. Comment peut-on répartir les États de l'Europe? De quoi se composent les Iles Britanniques? Citez les villes principales. — 2. Que comprend le royaume de Danemark? Quelle est sa capitale? — 3. La Scandinavie forme quels royaumes? Quelle est la capitale de la Suède et de la Norvège? Parlez de leurs productions.

DANS LE MIDI DE L'EUROPE.

Productions : La Norvège, dont les côtes sont découpées par des golfes ou fiords, est montagneuse. La Suède est formée de plaines couvertes de prairies et d'immenses forêts. — Bois de construction, fer, fourrures et poissons conservés.

4. La Russie (166.310.000 hab.), appelée encore l'*Empire du Nord*, est une vaste plaine fertile en céréales.

Sa capitale est Pétrograd (1.907.000 hab.), sur la Néva. *Moscou* (1.500.000 hab.), l'ancienne capitale, est située au centre de l'empire. Villes principales : *Varsovie* (864.000 hab.), sur la Vistule ; *Odessa* (498.000 hab.), port sur la mer Noire.

Productions : Bois de construction, céréales, lin, chanvre, bœufs, moutons, chevaux.

ÉTATS DU CENTRE

5. La France (39.695.000 hab.) est une des contrées les plus fertiles de l'Europe.

Sa capitale, Paris (2.888.000 hab.), sur les deux rives de la Seine, est la plus belle ville du monde.

Villes principales : *Marseille* (550.000 hab.), sur la Méditerranée ; *Lyon* (524.000 hab.), sur le Rhône ; *Bordeaux* (262.000 hab.), sur la Garonne ; *Lille* (218.000 hab.) ; *Nantes* (171.000 hab.), sur la Loire ; *Toulouse* (150.000 hab.), sur la Garonne ; etc. (V. la France, page 38.)

6. La république Suisse (3.765.000 hab.) occupe au centre de l'Europe un territoire peu étendu.

Les étrangers s'y portent en foule pour contempler ses hautes montagnes, ses glaciers, ses lacs, ses paysages pittoresques.

Sa capitale est Berne (91.000 hab.). Villes principales : *Genève* (135.000 hab.), *Bâle* (135.000 hab.) et *Zurich* (200.000 hab.).

Productions : Horlogerie, bestiaux, fromages de Gruyère. Le sol est généralement pauvre, mais les habitants sont très industrieux.

7. Le royaume de Belgique (7.500.000 hab.) est situé au nord de la France.

Sa capitale est Bruxelles (717.000 hab., avec ses faubourgs). Villes principales : *Anvers* (400.000 hab.), port sur l'Escaut ; *Gand* (200.000 hab.), sur l'Escaut ; *Liége* (240.000 hab.), sur la Meuse.

Productions : Houille. Pays de grande industrie, bien cultivé et très productif.

Le **Grand-Duché de Luxembourg**, entre la Belgique, la France et l'Allemagne, forme un petit État indépendant. Capitale : Luxembourg.

8. La Hollande ou Pays-Bas (6.115.000 hab.) a pour capitale Amsterdam (588.000 hab.), port sur le Zuyderzée.

La Haye (295.000 hab.) est la résidence royale et le siège du gouverne-

ment. Ville principale : *Rotterdam* (450.000 hab.), sur le Rhin et la Meuse.

Productions : Pays agricole, bestiaux, beurre, fromage. Commerce de poissons salés ou fumés, morue et hareng.

9. L'Allemagne (67.000.000 hab.) est montagneuse au sud, plate et sablonneuse dans le nord.

L'empire d'Allemagne comprend plusieurs États :

La **Prusse**, capitale Berlin (2.870.000 hab.), sur la Sprée ;
La **Saxe**, capitale Dresde (550.000 hab.), sur l'Elbe ;
La **Bavière**, capitale Munich (600.000 hab.) ;
Le **Wurtemberg**, capitale Stuttgart ;
Le **grand-duché de Bade**, capitale Carlsruhe ;
L'**Alsace-Lorraine**, arrachée à la France avec Strasbourg et Metz.

Hambourg (931.000 hab.), sur l'Elbe, est le premier port de l'empire ; *Brême*, sur le Weser, en est le deuxième port.

Productions : Pommes de terre, bestiaux, lin, chanvre, tabac et houblon ; houille. Grand commerce et industrie très importante.

10. L'empire d'Autriche-Hongrie (51.000.000 d'hab.) a pour capitale Vienne (2.030.000 hab.), sur le Danube.

Budapest (881.000 hab.), sur le même fleuve, est la capitale de la Hongrie. *Trieste*, sur l'Adriatique, est un port commerçant.

Productions : L'agriculture, l'élevage des bestiaux sont la principale richesse de l'Autriche-Hongrie. Blé, maïs. Houille, fer, sel gemme. Verreries renommées.

ÉTATS DU SUD

11. L'Espagne (20.000.000 hab.) et le **Portugal** (5.980.000 hab.) sont compris dans la *péninsule Ibérique*.

Madrid (600.000 hab.), capitale de l'Espagne, est au centre du royaume. *Barcelone* (588.000 hab.) et *Valence* (233.000 hab.), sur la Méditerranée, sont les deux ports les plus importants.

Lisbonne (455.000 hab.), à l'embouchure du Tage, est la capitale de la république portugaise. Ville principale : *Porto*, à l'embouchure du Douro.

Productions : Olivier, oranger, vigne, mûrier, chêne-liège. Vins.

12. L'Italie (35.800.000 hab.), au sud des Alpes, a pour capitale Rome (545.000 hab.), sur le Tibre.

Naples (723.000 hab.), au fond d'une baie superbe et au pied du Vésuve ; *Milan* (599.000 hab.), *Turin* (427.000 hab.), sur le Pô ; *Gênes* (272.000 hab.), port sur la Méditerranée ; *Florence* (233.000 hab.) ; *Venise* (160.000 hab.), sur l'Adriatique, sont les principales villes du royaume.

L'Italie a un beau climat et un ciel admirable.

Productions : Olivier, vigne, mûrier. Vins ; chapeaux de paille ; marbre ; pâtes alimentaires ; soufre.

DEVOIRS. — 4. Quel est l'aspect de la Russie ? Nommez ses grandes villes et citez ses productions. — 5. Dites les principales villes de la France. — 6. Où est située la Suisse ? Qu'est-ce qui y attire les étrangers ? Nommez ses villes principales et énumérez ses productions. — 7. Où est située la Belgique ? Quelles sont ses villes importantes et quelles sont ses productions ? — 8. Citez les villes principales de la Hollande ; parlez de ses productions. — 9. Quel est l'aspect de l'Allemagne ? Citez les États avec leur capitale qui composent l'empire d'Allemagne. Nommez deux ports importants. — 10. Dites les villes importantes de l'Autriche et énumérez ses productions. — 11. Quels sont les deux États que renferme la péninsule Ibérique ? Citez leurs villes principales et leurs productions. — 12. Où est situé l'Italie ? Quelles sont ses villes importantes et ses productions ? — 13 Citez les États de la péninsule des Balkans avec leurs villes principales. Qu'exporte-t-on de ces États ?

La péninsule des Balkans comprend sept États :

1. La **Roumanie** (7.600.000 hab.), riche en céréales, a pour capitale BUCAREST (328.000 hab.).

2. La **Serbie** (4.650.000 hab.), capitale BELGRADE (91.000 hab.), sur le Danube, pratique en grand l'élevage des porcs.

3. Le **Montenégro** (pays des montagnes noires) (400.000 hab.) a pour capitale CETTIGNÉ (1.300 hab.).

4. L'**Albanie**, créée en 1913, capitale DURAZZO, a pour ville principale Scutari.

5. La **Grèce** (4.200.000 hab.), capitale ATHÈNES (176.000 hab.), dont le port se nomme le Pirée, a pour ville principale Salonique, sur l'Archipel. — Productions : soie, coton, huile d'olive, vins et fruits du Midi : raisins, figues, amandes, oranges, citrons, grenades.

6. La **Bulgarie** (4.800.000 hab.) a pour capitale SOFIA (102.000 hab.). Villes principales : Philippopoli (48.000 hab.), et Varna, port sur la mer Noire.

7. La **Turquie d'Europe** (1.900.000 hab.), capitale CONSTANTINOPLE (1.200.000 hab.), sur le Bosphore, a pour ville principale Andrinople. Ce pays n'occupe plus qu'une faible partie de la presqu'île des Balkans.

Lecture.

Climat et productions. — Le climat de l'Europe est tempéré, sauf dans les contrées voisines du pôle nord. On répartit les cultures européennes en quatre zones : 1° fruits du Midi; 2° vigne; 3° céréales; 4° bouleaux. La zone des fruits du Midi comprend les trois presqu'îles du sud. — La limite de la culture de la vigne est marquée par une ligne qui part des côtes de Bretagne et aboutit à l'embouchure de la Volga. — Les céréales se rencontrent jusqu'en Écosse et dans une partie de la Scandinavie. — Près de la zone glaciale, on ne trouve plus que des forêts de bouleaux et de maigres champs d'orge; plus au nord, des ronces, des herbes courtes, des mousses.

Superficies comparées des États et longueurs comparées des fleuves de l'Europe.

Superficies comparées des États de l'Europe et de leurs colonies. — Principales productions de l'Europe.

Échelle 1:63.000.000

OCÉAN GLACIAL DU NORD

Toundras

SIBÉRIE

EUROPE RUSSIE D'ASIE

MONGOLIE MANDCHOURIE

TURKESTAN Désert de Gobi ou Chamo

PERSE AFGHANISTAN TIBET EMPIRE CHINOIS

ASIE MINEURE ARABIE

HIMALAYA HINDOUSTAN BIRMANIE INDO-CHINE Chine

OCÉAN PACIFIQUE

AFRIQUE Mer d'Oman Golfe du Bengale

OCÉAN INDIEN

Équateur

Îles de la Sonde

ASIE.

ASIE PHYSIQUE

1. Situation. — L'Asie forme la partie orientale de l'ancien continent. C'est la plus grande des cinq parties du monde; elle a quatre fois et demie l'étendue de l'Europe.

2. Bornes. — L'Asie est bornée : au nord, par l'*océan Glacial du Nord;* à l'est, par l'*océan Pacifique;* au sud, par l'*océan Indien;* à l'ouest, elle tient à l'*Afrique* par l'isthme de Suez, et à l'*Europe* par les monts Ourals et le Caucase.

3. Mers, Golfes, Lacs. — Les côtes de l'Asie sont très découpées et présentent un grand nombre de golfes et de presqu'îles.

L'océan Pacifique forme la *mer de Béring*, la *mer d'O-* khotsk, la *mer du Japon*, la *mer Jaune* et la *mer de Chine*. L'océan Indien forme le *golfe du Bengale*, la *mer d'Oman*, le *golfe Persique*, le *golfe d'Aden* et la *mer Rouge*.

A l'intérieur se trouvent la *mer Caspienne*, la *mer d'Aral* et les *lacs Balkach* et *Baïkal*.

Les rivages de l'*océan Glacial* sont couverts de marais gelés ou *toundras*. La mer de Chine et l'océan Indien ont de terribles tourbillons de vent appelés *cyclones*, qui forment des *trombes*.

4. Détroits. — L'océan Glacial communique avec l'océan Pacifique par le *détroit de Béring;* l'océan Pacifique avec l'océan Indien par le *détroit de Malacca;* l'océan Indien avec la mer Rouge par le *détroit de Bab-el-Mandeb;* la mer Rouge avec la Méditerranée par le *canal de Suez.*

5. Presqu'îles. — L'Asie a deux presqu'îles à l'est : le

DEVOIRS. — 1. Où est situe l'Asie ? Quelle est sa grandeur comparée à celle de l'Europe ? — 2. Quelles sont ses bornes ? — 3. Citez les mers et les golfes qui baignent ses côtes. Nommez ses masses d'eau intérieures. — 4. Quels sont les détroits qui font communiquer les océans et les mers ? — 5. Dites ses grandes presqu'îles ?

Kamtchatka et la *Corée;* trois au sud : l'*Indo-Chine,* terminée par la *presqu'île de Malacca;* l'*Inde* ou *Hindoustan,* et l'*Arabie;* une autre presqu'île à l'ouest : l'*Asie Mineure.*

6. Caps. — Les points extrêmes de ce continent sont : le *cap Oriental,* au nord-est; le *cap Romania,* au sud de la presqu'île de Malacca; le *cap Comorin,* au sud de l'Inde.

7. Iles. — On remarque, dans l'océan Glacial, l'archipel de la *Nouvelle-Sibérie;* dans l'océan Pacifique, *Sakhaline,* aux Russes et aux Japonais; les *Kouriles,* les *îles du Japon* et l'*île Formose,* au Japon; *Haïnan,* à la Chine; *Ceylan,* au sud de l'Inde, est aux Anglais, de même *Chypre* dans la Méditerranée.

8. Relief du sol. — L'Asie est plate au nord, montagneuse au centre et au sud. Les plateaux du *Tibet* et de *Pamir,* le désert de *Gobi* forment le grand Plateau central. Il est bordé au nord par les monts *Célestes* et *Altaï;* au sud par les monts *Himalaya,* les plus élevés du globe *(Gaurisankar,* 8.810 mètres). Au nord s'étendent les plaines glacées de la *Sibérie;* à l'est se détachent les montagnes de la Chine et de l'Indo-Chine; au sud, le plateau du *Dekan* termine l'Inde. A l'ouest, on distingue les monts *Taurus* et le *Liban.*

9. Fleuves. — Les fleuves qui arrosent l'Asie suivent trois pentes générales et se déversent dans l'océan Glacial du nord, l'océan Pacifique et l'océan Indien.

Yéniséi	5200 K.
Yang-tsé-Kiang	5200
Léna	4.520
Amour	4.377
Hoang-Ho	4.000
Obi	3.800
Salouen	3.570
Mékong	3.500
Gange	3100
Indus	2.900
Euphrate	2.860
Amou-Daria	2.500
Syr-Daria	2.250
Brahmapoutre	2.000
Iraouaddi	1.900

FRANCE

EUROPE

ASIE

Longueurs comparées des principaux fleuves et hauteurs comparées des principales montagnes de l'Asie.

L'*Obi,* grossi de l'*Yrtich,* l'*Yéniséi* et la *Léna* se dirigent vers le nord. Ils sont gelés pendant neuf mois de l'année.

` L'*Amour,* le *Hoang-ho* (fleuve Jaune), le *Yang-tsé-Kiang* (fleuve Bleu) se rendent dans l'océan Pacifique; le *Si-Kiang,* le *Song-Koï* (fleuve Rouge), le *Mékong* se jettent dans la mer de Chine.

Le *Brahmapoutre* et le *Gange* finissent dans le golfe du Bengale. L'*Indus* se jette dans le golfe d'Oman. Le *Tigre* et l'*Euphrate* arrosent la Mésopotamie, se réunissent en un seul cours d'eau (le *Chat-el-Arab*) et s'écoulent dans le golfe Persique. Le *Tarim,* dans le désert de Gobi, se perd dans le lac *Lob-Nor.*

ASIE POLITIQUE

1. Les Russes, les Turcs, les Anglais et les Français ont, en Asie, des possessions importantes, de véritables empires asiatiques.

Possessions russes.

L'**Asie russe** (36.000.000 d'hab.), territoire presque double de l'Europe, comprend :

1º La **Sibérie,** riche en mines, capitale IRKOUTSK (90.000 hab.); villes principales : *Tobolsk, Omsk, Tomsk,* et *Vladivostok,* port sur la mer du Japon;

2º Le **Turkestan,** pays des steppes, capitale TACHKEND (192.000 hab.); ville principale : *Samarcande;*

3º La **Transcaucasie,** capitale TIFLIS (190.000 hab.).

Les Russes ont établi leur protectorat sur les khans (princes) de *Boukhara* et de *Khiva.* Une ligne ferrée conduit de la mer Caspienne à Tachkend; une autre grande voie, le *Transsibérien,* passe par Omsk et Irkoutsk, aboutit à Vladivostok et se bifurque sur Port-Arthur (au Japon).

Possessions turques.

2. La **Turquie d'Asie** (24.000.000 d'hab.) se compose :

1º De l'**Asie Mineure,** capitale SMYRNE, sur l'Archipel, centre de relations commerciales avec l'Europe;

2º De la **Syrie,** capitale DAMAS; villes principales : *Jérusalem,* berceau du christianisme, et *Beyrouth,* port;

3º De l'**Arménie turque** et de la **Mésopotamie,** capitale BAGDAD, aux jardins enchantés, sur le Tigre;

4º Des côtes de l'**Arabie,** où s'élèvent LA MECQUE, ville sainte des Mahométans, et *Moka,* célèbre par son café.

La Turquie d'Asie exporte des fruits (figues, raisins secs), des vins renommés (vins de Chypre), des bois du Liban (cèdre).

L'intérieur de l'Arabie est habité par des peuples nomades. Sur la côte sud-est, l'**État d'Oman** (400.000 habitants), capitale MASCATE, est indépendant.

Possessions anglaises.

3. Les Anglais possèdent l'**Hindoustan,** grande presqu'île qui compte plus de 300 millions d'habitants : c'est l'*Inde anglaise* ou *empire des Indes.*

Les principales villes de ce vaste empire sont : DELHI, capitale, au centre du Bengale; *Calcutta,* (900.000 hab.), sur un bras du Gange; *Bombay* (980.000 hab.), port de la côte occidentale (Malabar), en relation avec l'Europe par le canal de Suez; *Madras* (520.000 hab.), port de la côte orientale (Coromandel).

Bénarès, sur le Gange, est une ville sainte des Hindous; *Colombo,* dans l'île de Ceylan, un port de relâche pour les navires européens.

Productions. — L'Inde récolte le riz, le blé, le coton, le café, le thé, le tabac; elle fabrique des châles, des tapis, des poteries célèbres.

Les Anglais possèdent également la **Birmanie,** capitale

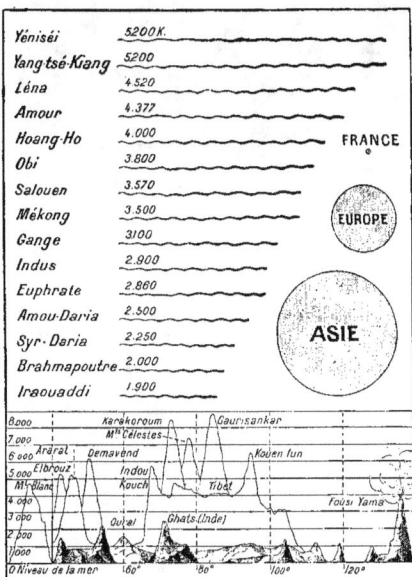

DEVOIRS. — 6. Citez les points extrêmes de l'Asie. — 7. Quelles sont les principales îles de l'Asie ? — 8. Citez les plateaux et ses monts. — 9. Nommez les fleuves se rendant dans les trois océans qui baignent l'Asie.

1. Que possèdent les Russes en Asie ? — 2. De quoi se compose la Turquie d'Asie ? — 3. Quelles sont les possessions anglaises ? — 4. Parlez de la Perse et des deux États situés à l'est de la Perse.

TYPES, ANIMAUX ET PRODUCTIONS DE L'ASIE.

RANGOUN, et la **presqu'île de Malacca**, avec le port de *Singapour* (195.000 hab.).

A l'embouchure du Si-Kiang, ils possèdent le port de *Hong-Kong*; à l'entrée de la mer Rouge, *Aden*.

4. **L'Afghanistan**, capitale CABOUL, est sous l'influence anglaise.

5. Le **Béloutchistan**, capitale KÉLAT, est sous le protectorat de l'Angleterre.

Possessions françaises.

6. Les Français n'ont plus dans les Indes que cinq comptoirs : PONDICHÉRY en est la capitale.

Ils possèdent en **Indo-Chine** : la **Cochinchine**, capitale SAÏGON; le **Cambodge**, capitale PNOM-PENH; l'**Empire d'Annam**, capitale HUÉ; le **Tonkin**, capitale HANOÏ (100.000 hab.).

Productions : L'Indo-Chine cultive surtout le riz; elle prépare des bois d'ébénisterie, des meubles incrustés et laqués, des tissus de soie, des ouvrages ciselés en or, en argent et en ivoire.

États indépendants.

7. La **Perse** (9.000.000 d'habitants), capitale TÉHÉRAN (280.000 hab.), est gouvernée par un prince appelé « shah »; villes principales : *Ispahan, Tabritz* (200.000 hab.).

8. Le **royaume de Siam** (8.000.000 d'hab.), capitale BANGKOK (600.000 hab.), occupe le bassin du *Ménam;* il exporte du riz et du bois de teck.

9. **La Chine**, devenue une république en 1912, a été longtemps connue sous le nom d' « empire du Milieu » et de « Céleste Empire ». Elle comprend : au nord, la **Mandchourie** et la **Mongolie**; à l'ouest, le **Turkestan oriental** et le **Tibet**; à l'est, la **Chine** proprement dite.

Sa capitale est PÉKIN (1.650.000 hab.); *Tien-tsin, Changhaï, Fou-tchéou* et *Canton* en sont les ports principaux.

Nanking, ancienne capitale, et *Lhassa*, résidence du dalaï lama, grand chef religieux, sont des villes historiques.

La Chine est plus grande que l'Europe; sa population atteindrait, dit-on, 430 millions d'habitants.

Productions : C'est un pays essentiellement agricole : le riz, le thé, le coton, la soie sont pour les Célestes une grande source de richesses. La Chine a des mines de houille et de fer; elle fabrique des porcelaines renommées avec le kaolin (sorte d'argile) qu'elle possède en abondance.

10. Le **Japon** (68 millions d'habitants), « pays du soleil levant », est formé d'îles; il s'est approprié très vite la civilisation européenne. Capitale TOKIO (2.200.000 hab.), dans l'île de Hondo, résidence de l'empereur ou mikado.

Yokohama, Nagasaki et *Osaka* sont les ports les plus importants de l'empire.

Productions : L'industrie est beaucoup plus développée en ce pays

DEVOIRS. — 6. Citez les possessions françaises en Asie. Dites les productions de l'Indo-Chine. — 7. 8. Parlez de la Perse, du Siam. — 9. Quelles sont les villes principales de la Chine? ses productions? — 10. Citez les principales villes du Japon. Qu'est-ce que la Corée? A quel pays d'Europe peut-on comparer le Japon?

Palmier — Bananier — Caravane — Girafe — Buffle — Désert — Lion — Léopard — Cannes à sucre — Baobab — Zébu — Crocodile — Hyène — Targui — Rhinocéros — Zèbre — Chacal — Kabyle — Zèbre — Antilope — Malgaches — Chimpanzé — Perroquet — Gorille — Flamant — Dromadaire — Arabe — Egyptien — Nubien — Aloès — Sénégalais - Congolais — Cactus — Poudre d'or — Scorpion — DATTES — Café

TYPES, ANIMAUX ET PRODUCTIONS DE L'AFRIQUE.

qu'en Chine. On y fabrique des objets en or, en argent et en cuivre. On y cultive, comme en Chine, le riz, le thé et le mûrier. Importantes houillères.

La **Corée**, capitale Séoul, forme un royaume entièrement dépendant du Japon.

Lecture.

Climat et productions. — L'Asie a tous les climats, car elle s'étend de l'équateur au pôle, et ses productions sont fort variées. La zone équatoriale fournit le riz, la canne à sucre, le café, le coton, les épices, l'opium et des bois estimés : bambou, ébène, bois de santal, teck ou chêne du Dekan. La Chine exporte le thé et la soie; l'Inde donne l'indigo, le blé, le thé de Ceylan. Les bords de la Méditerranée ont l'oranger, le citronnier, l'olivier, le figuier. C'est de l'Asie Mineure que nous sont venus le cerisier, le pêcher.

Animaux. — L'Asie nourrit de grands herbivores : éléphants, rhinocéros, chameaux; de terribles carnassiers : tigres et panthères des Indes, lions de Perse. Un bœuf sauvage, l'yack; le buffle, devenu domestique, sont originaires de cette partie du monde. La chèvre du Tibet fournit un poil fin et soyeux. De nombreux animaux à fourrures vivent dans la zone boréale.

Population. — Les asiatiques appartiennent à deux races : les hommes jaunes peuplent la Chine, le Japon et une partie des Indes; la race blanche occupe le reste du continent.

AFRIQUE PHYSIQUE

1. Situation. — L'Afrique est trois fois plus grande que l'Europe. C'est une immense presqu'île qui s'étend entre la *mer Méditerranée* au nord, l'*océan Atlantique* à l'ouest, l'*océan Indien* et la *mer Rouge* à l'est.

2. Caps. — Les points extrêmes du continent africain sont : au nord, le *cap Bon;* à l'ouest, le *cap Vert;* à l'est, le *cap Guardafui;* au sud, le *cap de Bonne-Espérance.*

3. Golfes. — A l'ouest, l'océan Atlantique creuse le grand *golfe de Guinée;* au nord, la Méditerranée forme le *golfe de Gabès;* à l'entrée de la mer Rouge se trouve le *golfe d'Aden.*

4. Détroits. — La Méditerranée communique avec l'océan Indien par le *canal de Suez,* la *mer Rouge* et le *détroit de Bab-el-Mandeb;* elle communique avec l'océan Atlantique par le *détroit de Gibraltar.*

5. Iles. — *Madagascar,* terre française, est la seule île considérable de la côte africaine; elle est séparée du continent par le *canal de Mozambique.* Au nord-ouest de cette grande île, nous possédons *Nossi-Bé* et le groupe des *Comores,* avec *Mayotte;* sur la côte orientale, *Sainte-Marie* et, plus au sud, l'*île de la Réunion.* — *Maurice* (ancienne *île de France*), les *Amirantes,* les *Seychelles* et *Socotora* appartiennent à l'Angleterre.

Au nord-ouest, dans l'océan Atlantique, se trouvent quelques îles importantes par leur situation : les *Açores,*

Devoirs. — 1. Par quelles mers l'Afrique est-elle baignée? — 2 Quels sont ses points extrêmes? — 3. Citez les golfes. — 4. Nommez les détroits. — 5. Citez les îles.

AFRIQUE.

Madère, les *îles du Cap-Vert*, au Portugal; les *Canaries*, à l'Espagne. Perdues dans l'Océan, *Ascension* et *Sainte-Hélène*, aux Anglais.

6. Montagnes. — Le continent africain est un immense plateau divisé en deux parties : la partie septentrionale, de forme arrondie, est bordée au nord-ouest par les *monts Atlas*; à l'ouest par le *Fouta-Djallon*; au sud par le *mont Cameroun*; à l'est par le massif d'*Abyssinie*.

La partie méridionale est de forme triangulaire; elle renferme les *monts Kenia* et *Kilima-Djaro*, hauts de 6.000 mètres et se termine par la région montagneuse du *Cap*.

7. Lacs. — Dans l'intérieur sont des lacs immenses et profonds : le *lac Tchad* dans le *Soudan*; les *lacs Victoria-Nyanza*, *Albert-Nyanza*, *Albert-Édouard* dans la région équatoriale; et, plus au sud, les *lacs Tanganyika*, *Bangouéolo* et *Nyassa*.

DEVOIRS. — 6. Quelles sont ses principales montagnes ? — 7. Nommez ses principaux lacs. — 8. Quels sont les grands fleuves africains ? Dans quelles mers se rendent ils ?

8. **Fleuves.** — L'Afrique a de très grands fleuves : le *Nil* sort du lac Victoria et se rend dans la Méditerranée. Le *Zambèze* reçoit les eaux du lac Nyassa et se jette dans le canal de Mozambique.

L'océan Atlantique a pour tributaires : le *Sénégal* et le *Niger*, descendus du Fouta-Djalon ; l'*Ogooué*, qui arrose le Congo français ; le *Congo*, venu des lacs intérieurs ; l'*Orange*, grossi par le *Vaal*.

AFRIQUE POLITIQUE

1. L'Afrique, sauf le royaume d'Abyssinie et la république nègre de Libéria, a été entièrement partagée entre les nations européennes ; mais les limites de ces colonies sont encore très imprécises.

2. L'**Égypte** (11.000.000 d'hab.) a pour capitale LE CAIRE (650.000 hab.), à l'entrée du delta. *Alexandrie* (377.000 hab.), sur la Méditerranée ; *Port-Saïd* et *Suez*, aux deux extrémités du canal de Suez, sont des ports importants.

L'Égypte, occupée militairement par les Anglais depuis 1881, est gouvernée par un vice-roi ou khédive.

Productions. — La vallée du Nil est remarquable par les inondations périodiques du fleuve, qui y déposent un limon fécondant. On y fait, grâce à ce phénomène et à la chaleur du climat, jusqu'à deux récoltes de blé par an.

3. Au sud de l'Égypte, l'**Abyssinie**, pays montagneux et pittoresque, a pour capitale ADDIS-ABABA (70.000 hab.).

4. Sur la Méditerranée, la **Tripolitaine**, capitale TRIPOLI, a été conquise sur les Turcs par les Italiens (1912).

5. L'**Afrique du nord française** (15 millions d'hab.) forme une magnifique colonie dont le climat aussi bien que le sol sont favorables aux Européens. Trois pays la constituent : la **Tunisie**, capitale TUNIS (227.000 hab.), gouvernée par un bey ; l'**Algérie**, terre française depuis 1830, capitale ALGER (154.000 hab.), villes principales : *Constantine* et *Oran* ; le **Maroc**, capitale FEZ (100.000 hab.), gouverné par un sultan.

La côte du Maroc qui borde le détroit de Gibraltar a été concédée aux Espagnols ; le port de *Tanger* est déclaré international. (Voir Colonies françaises : p. 55.)

6. Le **Sahara**, pays des Touareg, est traversé par de nombreuses caravanes ; nos soldats occupent les oasis du Touat, à mi-chemin de la Méditerranée au Niger. L'ancien **Soudan** se partage entre la France et l'Angleterre. Il est arrosé : à l'ouest, par le Niger ; au centre, par le Chari, affluent du lac Tchad ; à l'est, par le Nil blanc.

7. Sur les côtes de l'Atlantique, la France possède : 1° l'**Afrique occidentale française** (*Sénégal, Haut-Sénégal et Niger, Guinée française, Côte d'Ivoire, Dahomey*), capitale DAKAR ; 2° l'**Afrique équatoriale française** (nom donné à l'ancien Congo français), cap. BRAZZAVILLE.

8. Les Anglais occupent la **Gambie**, la **Sierra-Leone** et la **Nigeria** ; — les Portugais, l'*archipel de Bissagos*, la **Guinée portugaise** et l'**Angola** ; — les Allemands, le **Togo**, le **Cameroun**, agrandi en 1912 aux dépens du Congo français, et le **Sud-Ouest africain**.

9. La **République de Libéria**, capitale MONROVIA, a été fondée par les États-Unis pour des nègres affranchis.

10. L'**État du Congo** est devenu colonie belge en 1908.

11. Au sud, l'**Union sud-africaine-anglaise** réunit en un seul État deux anciennes colonies anglaises : **Le Cap** et le **Natal**, et deux anciens pays boers : le **Transvaal** et l'**Orange**.

Le nouvel État a trois capitales : PRÉTORIA, siège du gouvernement ; LE CAP, où se réunit le Parlement ; BLOEMFONTEIN, où sont les plus hautes autorités judiciaires. Autres villes : *Port-Élisabeth ; Durban ; Johannesburg*, centre de l'exploitation des mines d'or.

12. La *côte de* **Mozambique** appartient au Portugal avec les ports de *Quilimane* et de *Lourenço-Marquez*.

13. Les Anglais et les Allemands se partagent le littoral dans la région des lacs : **Est-Africain allemand** ; **Afrique orientale anglaise**, avec *Zanzibar* ; **Sud-Africain anglais**.

14. La *côte des* **Somalis** est occupée par les Italiens et les Anglais. Sur la mer Rouge, la France possède *Djibouti* ; l'Italie, l'**Érythrée** avec *Massaouah*.

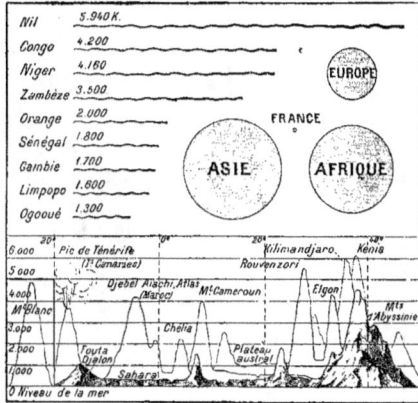

Nil	5.940 K.
Congo	4.200
Niger	4.160
Zambèze	3.500
Orange	2.000
Sénégal	1.800
Gambie	1.600
Limpopo	1.600
Ogooué	1.300

Superficies comparées de l'Afrique, de l'Asie, de l'Europe et de la France. Principaux fleuves et montagnes.

Lecture.

Aspect général. — L'Afrique forme un immense plateau qui se présente d'un seul bloc ; aussi les communications entre les différentes contrées sont-elles très difficiles. L'intérieur du « continent noir » nous a été révélé, de nos jours seulement, par Livingstone, de Brazza, Stanley et autres explorateurs. La population, encore très clairsemée, comprend des Européens, des Kabyles, des Arabes, des Maures et des nègres.

Productions. — Les bords de la Méditerranée ont l'oranger, le citronnier, le figuier, le blé, la vigne ; au Cap croissent nos arbres fruitiers. Les contrées tropicales produisent le baobab, le palmier, le caféier, la canne à sucre, le riz, le cotonnier, le caoutchouc et des bois précieux.

Les productions minérales de l'Afrique paraissent assez considérables : le Tell algérien a du fer et des gisements de phosphates ; le Sahara possède des mines de sel ; la côte de Guinée de la poudre d'or. Une grande partie de l'Afrique du sud semble un vaste champ d'or dont les richesses éclipsent celles même des mines de diamants voisines. Madagascar a de l'or et du fer.

Animaux. — Le chimpanzé, le gorille, et de nombreuses espèces de singes habitent les contrées tropicales, à côté d'innombrables oiseaux aux couleurs éclatantes ; l'éléphant, le rhinocéros et l'hippopotame recherchent les bords des fleuves et des lacs ; la girafe, le lion, la panthère, l'autruche fréquentent la lisière du désert ; l'antilope, le zèbre, la gazelle se rencontrent dans l'intérieur du continent ; l'hyène et le chacal rôdent autour des habitations ; le python et d'autres serpents énormes se glissent dans les forêts et les marécages ; les crocodiles peuplent les grands cours d'eau.

Le cheval, le chameau, le mouton, la chèvre font la seule richesse des populations nomades.

DEVOIRS. — 1. Comment est divisée l'Afrique ? — 2. Nommez les principales villes de l'Égypte. — 3. Quelle est la capitale de l'Abyssinie. — 4. A qui est la Tripolitaine ? — 5. Quels pays constituent l'Afrique du nord française ? Villes. — 6. Que savez-vous du Sahara et de l'ancien Soudan ? — 7. Que possède la France sur les côtes de l'Atlantique ? — 8, 9, 10. Que possèdent les autres nations ? — 11. Que possède l'Angleterre au sud de l'Afrique ? — Quels sont les États qu'elle s'est annexés ? — 12, 13, 14. Quels sont les peuples qui se partagent la côte de l'océan Indien ? — 15. Production de l'Afrique ; animaux qui y vivent ?

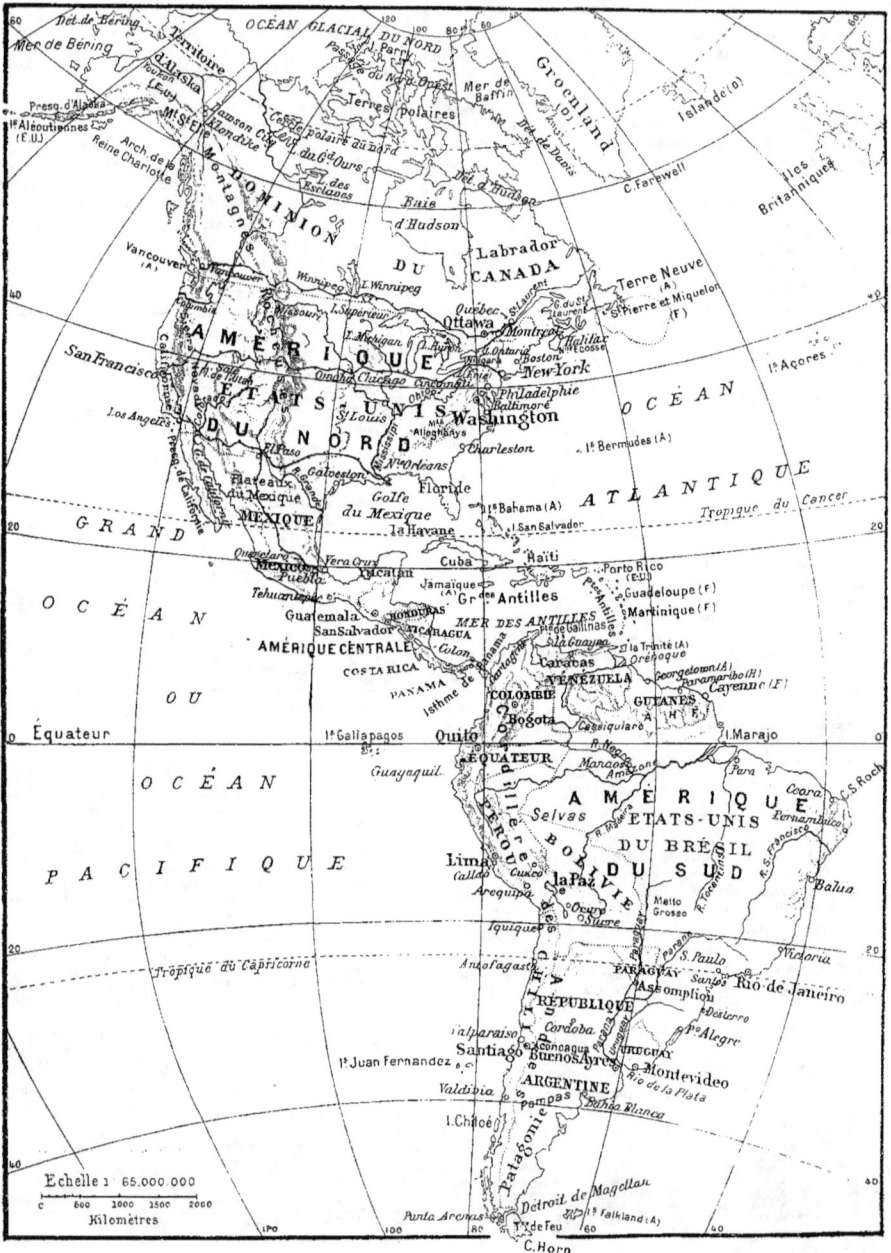

Echelle 1 : 65.000.000

Kilomètres

AMÉRIQUE PHYSIQUE

1. Situation. Mers. — L'Amérique s'allonge, du nord au sud, entre l'*océan Atlantique* à l'est et l'*océan Pacifique* à l'ouest; l'*océan Glacial du Nord* et la *mer de Baffin* baignent ses côtes septentrionales.

2. Le continent américain, qui a une étendue quatre fois plus grande que celle de l'Europe, se compose de deux grandes masses: l'*Amérique du Nord* et l'*Amérique du Sud*, reliées par l'*isthme de Panama* qu'un canal traverse.

Amérique septentrionale.

3. Golfes. — Entre les deux Amériques, l'océan Atlantique a creusé un golfe double: la *mer des Antilles* et le *golfe du Mexique*. Le *golfe du Saint-Laurent* et la *baie d'Hudson*, au nord-est; le *golfe de Californie*, à l'ouest, pénètrent profondément dans les terres.

4. Détroits. — Le détroit de Davis conduit dans la mer de Baffin, le détroit d'Hudson dans la baie d'Hudson.

Plus au nord les terres polaires et les champs de glace forment des banquises que les explorateurs ont souvent tenté de traverser. L'Anglais Mac Clure, parti de la mer de Béring, a réussi à se frayer un chemin au milieu des icebergs (1851); mais le passage du *Nord-Ouest* est resté impraticable aux navires.

5. Iles. — La plus considérable des terres polaires, le *Groenland*, habitée par les Esquimaux, est danoise.

Sur la côte orientale, les *îles Saint-Pierre et Miquelon* sont à la France; *Terre-Neuve*, les *Bermudes*, les *îles Bahama*, à l'Angleterre. Le groupe des *Antilles* (Indes occidentales) s'échelonne entre les deux Amériques.

Au nord-ouest, l'*île de Vancouver* appartient aux Anglais; les *îles Aléoutiennes*, aux États-Unis.

6. Presqu'îles. — La *presqu'île d'Alaska*, au nord-ouest, fait face à l'Asie. Sur la côte du Pacifique s'allonge la *presqu'île de Californie*. Dans l'Atlantique, deux presqu'îles, le *Yucatan* et la *Floride*, encadrent le golfe du Mexique. Au nord-est s'avancent la *Nouvelle-Écosse* et le *Labrador*.

7. Montagnes et Plaines. — Le massif montagneux qui borde la côte du Pacifique est formé de deux grandes chaînes: la *sierra Nevada* et les *montagnes Rocheuses* aux cimes volcaniques (mont Saint-Élie, 5.600 m.).

De hauts plateaux, coupés de profondes vallées (cañons), s'étagent entre ces chaînes (plateau d'Utah avec le grand lac Salé). Une vaste plaine s'étend à l'est des montagnes Rocheuses: ouverte au nord sur l'océan Glacial, elle est froide, marécageuse, couverte de forêts et de lacs; le centre et le sud, tournés vers l'Atlantique et le golfe du Mexique, sont fertiles et bien cultivés.

À quelque distance de la côte de l'Atlantique s'allonge la *chaîne des Alleghanys*, riche en fer et en sources de pétrole.

8. Fleuves. — Le *Mississipi* (père des fleuves) se rend dans le golfe du Mexique. Il a pour affluents, à droite, le *Missouri*; à gauche, l'*Ohio*. Le *rio Grande del Norte* tombe aussi dans le golfe du Mexique.

Un autre fleuve, le *Saint-Laurent*, s'écoule dans l'Atlantique. Il traverse un pays autrefois français, le *Canada*, où l'on parle encore notre langue.

9. Lacs. — Le Saint-Laurent reçoit les eaux de cinq grands lacs qui forment une véritable mer d'eau douce. Ce sont: les *lacs Supérieur, Michigan, Huron, Erié* et *Ontario*.

Les eaux du lac Erié tombent dans le lac Ontario par la fameuse *cataracte du Niagara* dont le fracas s'entend à une distance de plusieurs lieues.

Amérique méridionale.

10. Forme. — L'Amérique méridionale est peu découpée. Elle a la forme d'un triangle dont les trois sommets sont marqués par: la *pointe de Gallinas*, au nord-ouest: le *cap Saint-Roch*, à l'est; le *cap Horn*, au sud.

11. Iles. — L'archipel de la *Terre de Feu*, à l'extrémité sud, est séparé du continent par le *détroit de Magellan*.

12. Montagnes. — La chaîne de montagnes qui longe le Pacifique, dans l'Amérique méridionale, prend le nom de *Cordillère des Andes*. Elle est très élevée et atteint, au mont Aconcagua, 6.970 mètres.

13. Fleuves. — De grands fleuves arrosent de vastes plaines couvertes d'herbes (*llanos* et *pampas*). L'*Orénoque* parcourt des étendues sablonneuses.

L'*Amazone*, le fleuve le plus large du monde, traverse d'immenses forêts vierges.

Le *Rio de la Plata* est l'estuaire de plusieurs fleuves, dont les principaux sont: l'*Uruguay*, le *Parana* et le *Paraguay*.

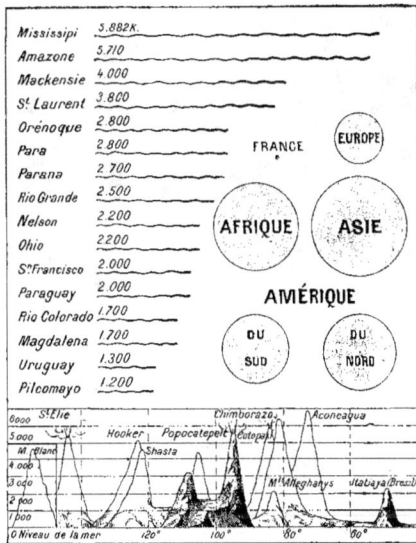

Mississipi	5.882 K.
Amazone	5.710
Mackensie	4.000
St Laurent	3.800
Orénoque	2.800
Para	2.800
Parana	2.700
Rio Grande	2.500
Nelson	2.200
Ohio	2.200
S.Francisco	2.000
Paraguay	2.000
Rio Colorado	1.700
Magdalena	1.700
Uruguay	1.300
Pilcomayo	1.200

Superficies comparées des deux Amériques, de l'Asie, de l'Afrique, de l'Europe et de la France. — Longueurs comparées des principaux fleuves et hauteurs comparées des principales montagnes de l'Amérique.

AMÉRIQUE POLITIQUE

1. L'**Amérique du Nord** a été colonisée, il y a trois siècles, par les Français, les Anglais, les Espagnols. Elle comprend trois grands États: le *Dominion* ou *Puissance du Canada*, les *États-Unis* et le *Mexique*.

DEVOIRS — 1. Entre quelles mers est situé le nouveau monde? — 2. Par quoi sont reliées les deux Amériques? — 3. Citez les golfes. — 4. Nommez les détroits. — 5. Quelles sont les îles répandues dans les trois océans? — 6. Dites les principales presqu'îles? — 7. Citez les montagnes et les plaines de l'Amérique du Nord? — 8. Nommez ses deux grands fleuves. — 9. Quels sont les cinq grands lacs qui s'écoulent dans le Saint-Laurent? — 10. Quelle est la forme de l'Amérique méridionale? Où sont ses points extrêmes? — 11. Quel détroit sépare la Terre de Feu du continent? — 12. Quelle chaîne de montagnes longe le Pacifique? — 13. Nommez le grand fleuve qui descend de ces montagnes. Par quels cours d'eau est formé le Rio de la Plata? 1. Qui a colonisé l'Amérique du Nord?

TYPES, ANIMAUX ET PRODUCTIONS DE L'AMÉRIQUE.

2. Le **Dominion** (7.000.000 d'hab.) et les terres polaires forment l'*Amérique anglaise*, dont la capitale est OTTAWA. Villes principales : *Montréal* et *Québec*.

Ces villes sont reliées à Vancouver par le Transcanadien.

3. La **république des États-Unis** (110.000.000 d'hab.) occupe un territoire qui égale la superficie de l'Europe. Sa capitale est WASHINGTON (331.000 hab.).

New-York (1.800.000 habitants), port sur l'Atlantique, est la ville la plus commerçante de toute l'Amérique.

Philadelphie (1.550.000 hab.), sur l'Atlantique, et *San-Francisco*, sur le Pacifique, sont des ports importants.

Chicago (2.200.000 hab.), au sud du lac Michigan; *Saint-Louis*, sur le Mississipi; la *Nouvelle-Orléans*, à son embouchure, sont des villes considérables.

New-York et San-Francisco sont reliés par le transcontinental.

Le **Territoire d'Alaska**, au nord-ouest, est possession des États-Unis.

4. La **république du Mexique** (13.000.000 d'hab.) est une ancienne colonie espagnole.

MEXICO (345.000 hab.) en est la capitale; principal port, *Vera-Cruz.*

5. L'isthme qui relie les deux Amériques forme l'**Amérique centrale**, composée de six petites républiques (*Guatemala, Salvador, Honduras, Nicaragua, Costa-Rica, Panama*).

6. Les **Antilles** sont divisées en *Grandes Antilles* et en *Petites Antilles.*

Grandes Antilles : la *république de Cuba*, capitale LA HAVANE; la *Jamaïque*, à l'Angleterre; *Haïti*, indépendante; *Porto-Rico*, cédée aux États-Unis par l'Espagne.

Petites Antilles : la *Martinique* et la *Guadeloupe*, qui sont les plus belles, appartiennent à la France.

Toutes ces îles produisent la canne à sucre et le café.

7. L'**Amérique du Sud** a été colonisée par les Portugais et les Espagnols. Les possessions portugaises ont formé la vaste **république du Brésil** (20.500.000 d'hab.), capitale RIO-DE-JANEIRO (1.000.000 hab.), au fond d'une baie magnifique. Villes principales : *San Paulo* et *Bahia.*

8. Les anciennes colonies espagnoles se sont rendues indépendantes et forment aujourd'hui neuf républiques.

Au nord : le **Venezuela**, capitale CARACAS, port *La Guayra;* la **Colombie**, capitale BOGOTA, port *Carthagène.*

A l'ouest : l'**Équateur**, capitale QUITO, à 2.850 mètres au-dessus de la mer ; le **Pérou**, capitale LIMA (150.000 hab.); le **Chili**, capitale SANTIAGO, port principal *Valparaiso.*

A l'est : la **République Argentine**, capitale BUENOS-AYRES; l'**Uruguay**, capitale MONTEVIDEO.

Ces deux dernières villes se trouvent sur l'estuaire du Rio de la Plata.

Un chemin de fer, de *Buenos-Ayres* à *Valparaiso*, traverse les Andes et réunit les deux océans.

DEVOIRS. — 2. Que comprend l'Amérique anglaise? — 3. Parlez des États-Unis. A qui appartient le territoire d'Alaska? — 4. Quelle est la capitale et le principal port du Mexique? — 5. Nommez les cinq petites républiques de l'Amérique centrale.

— 6. Citez les îles qui composent les Grandes Antilles. Que possède la France dans les Petites Antilles? Que produisent ces îles? — 7. Parlez du Brésil. — 8. Nommez les neuf républiques colonisées par les Espagnols? — 9. A qui est la Guyane?

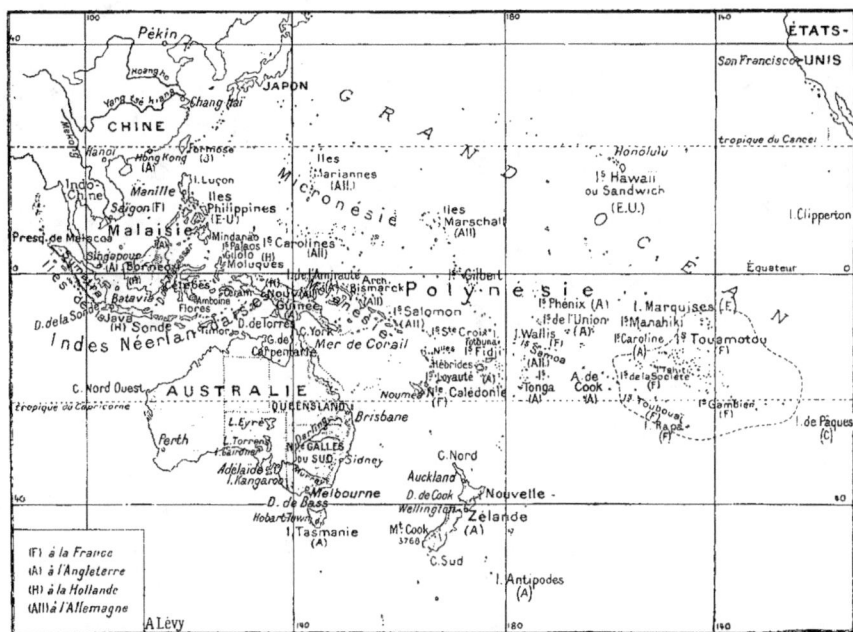

OCÉANIE.

Dans l'intérieur : le **Paraguay**, capitale Assomption, et la **Bolivie**, capitale La Paz; ville principale, Sucre.

9. La **Guyane**, au nord-est, se partage entre la France, la Hollande et l'Angleterre; la capitale de la Guyane française est Cayenne.

Lecture.

L'Amérique appartient aux cinq zones; elle a donc tous les climats.

Productions. — Les plaines boréales sont couvertes de mousses et d'arbustes. Sur les pentes des montagnes Rocheuses croissent des sapins gigantesques. Les États-Unis cultivent le maïs, le blé, le coton, et, surtout en Californie, les fruits de l'Europe.

De l'Amérique centrale et des Antilles, on tire la canne à sucre, le tabac, la vanille, le cacao, les « bois des îles » (acajou, palissandre, etc.).

Le Brésil fournit le café, le manioc, la canne à sucre. Dans les pampas on fait de l'élevage; on y acclimate aussi le blé et la vigne. Les plaines fertiles du Chili produisent des céréales, du lin et des fruits.

L'Amérique exporte des métaux, du pétrole, du charbon de terre, du blé, du coton, du café, du sucre; elle fait un grand commerce de bois d'ébénisterie et de teinture, de caoutchouc, de peaux, de conserves de viande.

Animaux. — Un certain nombre d'animaux sont particuliers à l'Amérique : dans le nord : le bison, l'ours gris, le couguar; dans le sud : le tatou, le fourmilier, la sarigue, le jaguar, le lama, le nandou et le condor. Oiseaux-mouches et perroquets volètent dans les forêts du Brésil. Dans les mers glacées, on pêche la baleine, le phoque; la morue à Terre-Neuve.

Population. — L'Amérique est devenue, par la colonisation, une terre européenne. Les Indiens à peau rouge tendent à disparaître tous les jours. Trois langues sont en usage dans cette partie du monde : l'anglais dans l'Amérique du Nord, l'Espagnol au Mexique et dans presque toute l'Amérique du Sud, le portugais au Brésil.

OCÉANIE

1. On donne le nom d'Océanie (30.000.000 d'hab.) à l'ensemble des terres répandues dans le Grand Océan.

2. Ces terres peuvent être réparties en trois groupes :

1° L'*Insulinde* ou *Malaisie*, grand archipel au sud-est de l'Asie.

2° L'*Australie* et les îles qui s'y rattachent.

3° La *Polynésie*, formée des nombreux archipels disséminés dans la partie orientale de l'océan Pacifique.

3. L'Insulinde comprend : les îles de *Sumatra*, *Java*, *Bornéo*, *Célèbes* et les *Moluques*, aux Hollandais; les *Philippines*, capitale Manille, aux États-Unis.

Productions. — La plupart de ces îles produisent : le café, le coton, la canne à sucre, les épices (poivre, clou de girofle, noix muscade, etc.).

4. L'**Australie** (3.000.000 d'hab.) appartient aux Anglais. C'est un continent massif, dont l'étendue est égale aux deux tiers de l'Europe. Il est bordé de montagnes sur la côte orientale, plat et brûlé dans l'intérieur.

Un seul fleuve l'arrose : le *Murray*, grossi du *Darling*.

L'Australie jouit d'un climat tempéré. Les colons anglais y cultivent le blé, la vigne; ils y élèvent de grands troupeaux de moutons dont la laine est exportée en Europe.

Sur la côte orientale s'élèvent les villes de Melbourne (580.000 hab.), Sydney (630.000 hab.), Adélaïde, Brisbane.

Devoirs. — 1, 2. Comment s'appellent et sont réparties les îles répandues dans le Grand Océan ? — 3. Que comprend l'Insulinde ? Que produisent ces îles ? — 4. Parlez de l'Australie. — 5. Quelles grandes îles se rattachent à l'Australie ? — 6. Quels peuples se partagent la Nouvelle-Guinée ? — 7 et 8. Quelles îles possède la France en Océanie ?

TYPES ET ANIMAUX DE L'OCÉANIE.

5. A l'Australie se rattachent deux autres possessions anglaises : la *Tasmanie* et la *Nouvelle-Zélande*.

6. La **Nouvelle-Guinée**, au nord de l'Australie, est partagée entre les Anglais, les Allemands et les Hollandais.

7. La **Nouvelle-Calédonie**, capitale Nouméa, appartient à la France.

8. La **Polynésie** est la région par excellence du cocotier, de l'arbre à pain, du bananier. La France possède les îles *Marquises*, les îles de la *Société* ou *Tahiti*, les îles *Touamotou* et d'autres moins importantes.

9. Les **îles Havaï**, cap. Honolulu, ont été annexées par les États-Unis en 1898.

Lecture.

Climat et situation. — Les îles de l'Océanie jouissent en général d'un climat très chaud, tempéré par le voisinage de la mer; leurs côtes sont dangereuses à cause des nombreux récifs de corail qui les bordent. Éruptions volcaniques, tremblements de terre, raz de marée y sont fréquents.

Animaux et productions. — Les animaux de l'Australie sont bizarres et semblent appartenir à un monde disparu (kangourou, casoar, ornithorynque). L'eucalyptus y atteint de grandes proportions; de même le cocotier et l'arbre à pain dans les îles océaniennes.

Population. — Les races qui peuplent l'Océanie sont : 1° les Malais, actifs et intelligents, qui habitent les îles de la Sonde; 2° les Australiens, Papous, noirs et sauvages; 3° les Polynésiens, à la peau moins foncée et aux mœurs plus douces. Français, Anglais, Hollandais, Portugais, Allemands et Américains ont établi en Océanie des stations navales ou des colonies.

PHÉNOMÈNES NATURELS.

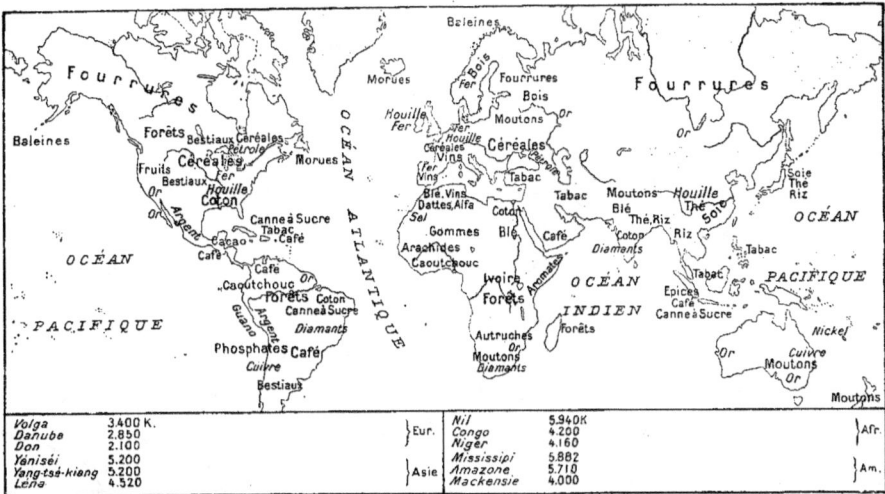

Volga	3.400 K.	} Eur.	Nil	5.940 K	} Afr.
Danube	2.850		Congo	4.200	
Don	2.100		Niger	4.160	
Yénisèi	5.200	} Asie	Mississipi	5.882	} Am.
Yang-tsé-kiang	5.200		Amazone	5.710	
Lena	4.520		Mackensie	4.000	

Principales productions du globe. — Longueurs comparées des trois principaux fleuves d'Europe, d'Asie, d'Afrique et d'Amérique.

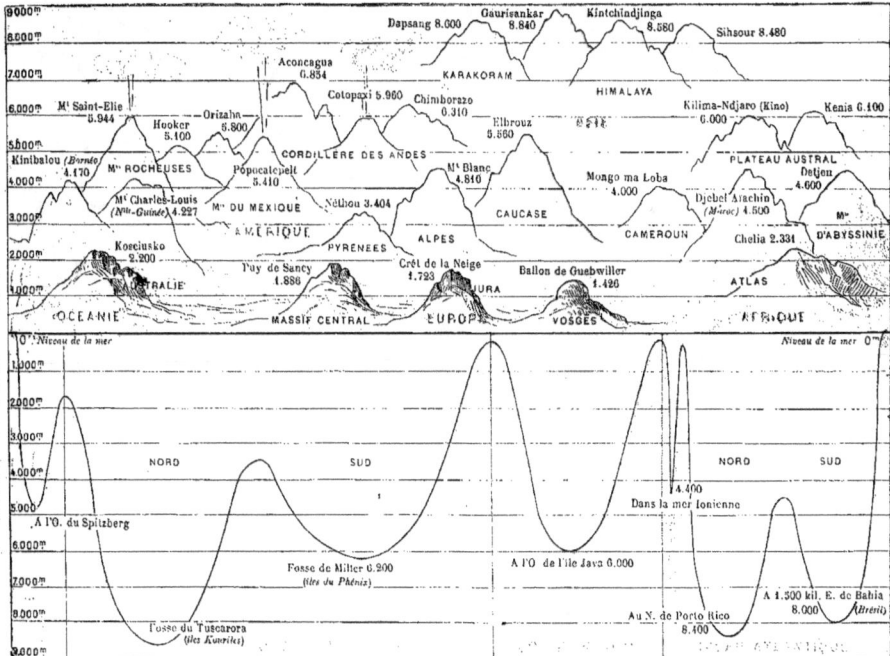

Hauteurs comparées des principales montagnes du globe. — Profondeurs comparées des océans.

FRANCE. — Relief du sol.

FRANCE PHYSIQUE

1. Limites. — Notre pays est baigné : au nord et au nord-ouest, par la *mer du Nord* et par la *Manche* ; à l'ouest, par l'*océan Atlantique* ; au sud, par la *mer Méditerranée*.

Il touche : au nord et au nord-est, à la *Belgique* et à l'*Allemagne* ; à l'est, à la *Suisse* ; au sud-est, à l'*Italie* ; au sud, à l'*Espagne*.

2. Superficie. Population. — La superficie de la France (Corse comprise) dépasse *536.000 kilom. carrés*. C'est, environ, la 19ᵉ partie de l'Europe et la 250ᵉ partie des terres formant la surface du globe.

Près de *39 millions d'habitants* vivent sur ce vaste et fertile territoire.

CÔTES ET MONTAGNES

3. Côtes de la mer du Nord et de la Manche. — *Dunkerque* et *Calais*, sur la mer du Nord, sont des ports actifs, en relations suivies avec l'Angleterre.

Le *Pas de Calais*, large de 32 kilom. au *cap Gris-Nez*, fait communiquer la mer du Nord avec la Manche.

Au sud de *Boulogne*, port prospère, la côte s'abaisse vers l'*estuaire de la Somme* ; puis elle se relève pour former les *falaises du pays de Caux* qui se terminent au *cap de la Hève*.

Le *Havre*, à l'embouchure de la Seine, est un grand port marchand, le second de France.

Entre l'*estuaire de la Seine* et la *presqu'île du Cotentin*, la côte est généralement basse et sablonneuse : là se trouvent les célèbres *plages normandes*, si fréquentées durant la saison des bains.

Au large, les *rochers du Calvados*.

Cherbourg, à l'extrémité du Cotentin, entre les *pointes de Barfleur* et *de la Hague*, est un grand port de guerre. A l'ouest, les *îles anglo-normandes* (Aurigny, Guernesey, Sercq et Jersey), riantes et fertiles, appartiennent aux Anglais.

Entre la *baie du Mont-Saint-Michel* et l'embouchure de la Loire s'avance la *presqu'île de Bretagne*, sol de granit rongé par la mer, dentelée de baies et de rades, frangée d'îles, de caps et de presqu'îles. Sur la côte nord, le *golfe de Saint-Malo* et la *baie de Saint-Brieuc*.

4. Côtes de l'océan Atlantique. — A partir de la *pointe Saint-Mathieu*, à l'ouest et au sud, la Bretagne est baignée par l'océan Atlantique et très profondément découpée : *rades de Brest* et *de Lorient*, grands ports militaires ; *golfe du Morbihan* et *presqu'île de Quiberon*. Au large, les *îles d'Ouessant*, de *Groix*, de *Belle-Isle*.

Nantes et *Saint-Nazaire*, ports commerçants, ont grandi sur l'*estuaire de la Loire*.

Entre la Loire et la Gironde, le littoral est bas, souvent couvert de marais salants. Quelques îles importantes : *Noirmoutier*, l'*île d'Yeu*, *Ré* et *Oléron*. Ces deux dernières forment une digue naturelle qui abrite *La Rochelle*, port marchand, et *Rochefort*, port militaire sur la Charente.

Bordeaux, aux vins fameux, s'élève sur la Garonne à 120 kilom. de la mer.

Le beau phare de Cordouan éclaire l'*estuaire de la Gironde*.

De la Gironde aux Pyrénées, la côte du *golfe de Gascogne* est droite, à peine découpée, bordée de hautes dunes et d'étangs : *bassin d'Arcachon* ; port de *Bayonne*, sur l'Adour.

5. Côtes de la Méditerranée. — Les côtes de la Méditerranée offrent deux aspects bien distincts : à l'ouest du *delta du Rhône* et de l'*île de la Camargue*, le littoral du *golfe du Lion* est bas, marécageux et bordé de lagunes. Un seul port actif : *Cette*, entre l'*étang de Thau* et la mer. A l'est du Rhône et de l'*étang de Berre*, la côte de Provence est rocheuse, très découpée et dominée par des montagnes : *rade de Marseille*, notre premier port de commerce ; *rade de Toulon*, notre premier port de guerre ; *rade de Nice*, célèbre station d'hiver.

A ce littoral appartiennent les *îles d'Hyères* et de *Lérins*. On y rattache aussi la *Corse*, île montagneuse et boisée que découpe le *golfe d'Ajaccio*.

6. Relief du sol. — Une ligne, tirée du golfe de Gascogne à la frontière belge, diviserait la France en deux parties : au nord-ouest et à l'ouest, la *région des plaines* ; au sud, au centre et à l'est, la *région des montagnes*.

7. Plaines. — Les principales plaines de la France sont : Au nord : 1º la *plaine de Flandre*, région très fertile ; — 2º la *plaine de Normandie*, aux gras herbages ; — les *plaines du bassin de Paris* : *Beauce* et *Brie*, terres à blé et à avoine ; — 4º la *plaine de Champagne*, dont les coteaux produisent des vins célèbres.

Au centre : 1º la *belle Touraine*, jardin de la France ; — 2º la *plaine marécageuse de la Sologne*.

Au sud-ouest : 1º la *plaine de la Garonne*, aux riches vignobles ; — 2º la *plaine sablonneuse des Landes*.

Au sud-est : la *plaine du bas Languedoc*, bordée par la Méditerranée.

Au nord-est : la *fertile plaine d'Alsace*, que les Allemands nous ont prise en 1871.

8. Collines. — Dans la région des plaines s'élèvent quelques collines dont les principales sont : les *collines de Normandie*, les *monts de Bretagne*, le *Bocage vendéen*.

9. Montagnes. — Au centre de la France s'élève le *Massif central*, entre les vallées du Rhône, de la Loire et de la Garonne. Plusieurs chaînes servent à le former : 1º les *Cévennes*, sur lesquelles il s'appuie à l'est ; — 2º les *monts d'Auvergne*, où il atteint sa plus grande élévation ; — 3º les *monts du Limousin*, à l'ouest ; — 4º les *monts du Velay* et *du Forez* qui séparent le Forez (vallée supérieure de la Loire) de la Limagne (vallée supérieure de l'Allier).

10. Cévennes. — Cette longue chaîne porte différents noms (voir la carte, p. 28). On la divise en *Cévennes méridionales*, au sud du *massif du Lozère* (1.702 m.), et en *Cévennes septentrionales*. Les Cévennes méridionales s'abaissent, à l'ouest du *mont Aigoual*, sur les *plateaux désolés des Causses*. Dans les Cévennes septentrionales, on remarque le *mont Gerbier-de-Joncs*, où naît la Loire, et le *mont Mézenc* (1.754 m.), point culminant de la chaîne.

11. Monts d'Auvergne. — Les monts d'Auvergne — de même les monts du Velay — sont d'anciens volcans éteints

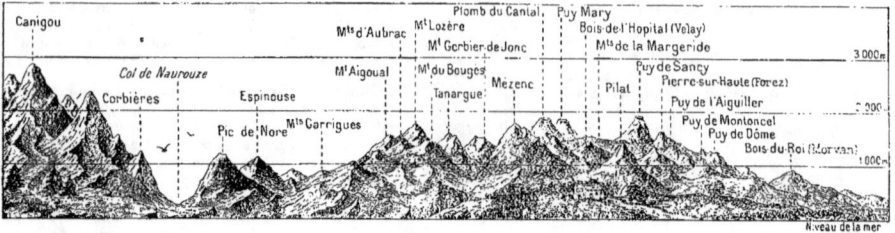

Canigou   Plomb du Cantal   Puy Mary   Mts d'Aubrac   Mt Lozère   Bois de l'Hôpital (Velay)   Mt Gerbier-de-Jonc   Mts de la Margeride   3.000m
Col de Naurouze   Mt Aigoual   Mt du Bouges   Puy de Sancy   Pierre-sur-Haute (Forez)   2.000
Corbières   Espinouse   Mezenc   Tanargue   Pilat   Puy de l'Aiguiller
Pic de Nore   Mts Garrigues   Puy de Montoncel   Puy de Dôme   Bois-du-Roi (Morvan)   1.000m
Niveau de la mer

PRINCIPAUX PICS ET PRINCIPAUX PASSAGES DE LA « LIGNE DE PARTAGE DES EAUX »[1]. [Des Cévennes au Morvan.]

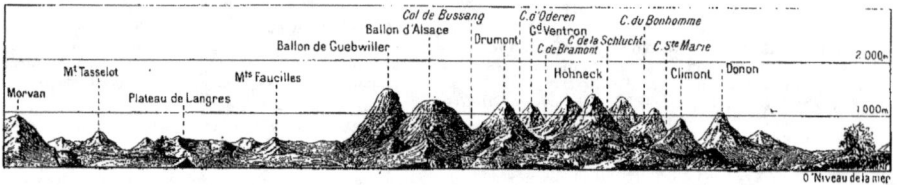

Col de Bussang   C. d'Oderen   C. du Bonhomme
Ballon d'Alsace   Drumont   C. de Ventron   C. de la Schlucht   C. Ste Marie
Ballon de Guebwiller   C. de Bramont   2.000m
Mt Tasselot   Mts Faucilles   Hohneck   Climont   Donon
Morvan   Plateau de Langres   1.000m
0 Niveau de la mer

PRINCIPAUX PICS ET PRINCIPAUX PASSAGES DE LA « LIGNE DE PARTAGE DES EAUX » (Suite). [Du Morvan aux Vosges.]

(1) Les hauteurs données aux pics et aux montagnes sont rigoureusement proportionnelles à leur hauteur réelle; mais la distance entre ces montagnes, bien qu'elle soit proportionnellement observée, a dû être resserrée, ce qui fait que la hauteur des montagnes n'est pas en rapport avec la longueur de la chaîne.

dont on distingue encore les cratères. Sommets principaux : *Plomb du Cantal; Puy de Sancy* (1.886 m.), point le plus élevé de toute la France centrale; *Puy de Dôme.*

12. Côte-d'Or. Morvan. Plateau de Lorraine. — Les *monts de la Côte-d'Or,* qui continuent les Cévennes, ont de riches vignobles. A l'ouest se trouve le *massif du Morvan,* couvert de forêts. Le *plateau de Langres,* au nord de la Côte-d'Or, donne naissance à la Seine.

Les *monts Faucilles* forment le talus méridional du *plateau de Lorraine.* Ce plateau, accidenté et boisé, est limité : au nord, par le *plateau des Ardennes;* à l'ouest, par les *collines de l'Argonne,* et, à l'est, par la *chaîne des Vosges.*

13. Vosges. — Les *Vosges* ont de belles forêts de sapins et des sommets arrondis en ballons : *Ballon d'Alsace; Ballon de Guebwiller* (1.426 m.), point culminant de la chaîne. — La frontière franco-allemande suit la crête de ces montagnes jusqu'au *mont Donon.* Plusieurs cols ou routes les franchissent : *cols de Saverne, de la Schlucht, de Bussang,* etc.; au sud s'étend la *trouée de Belfort,* qui sépare les Vosges du Jura.

14. Jura. — Le *Jura* s'allonge entre le Rhône et le Rhin. Il est couvert de bois, de pâturages, et descend, d'étage en étage, jusqu'à la vallée de la Saône. Point culminant : le *Crêt de la Neige* (1.723 m.). Autres sommets : le *Grand Crêt d'Eau,* la *Dôle,* etc. On y trouve les *cols de Joux, de Saint-Cergues, de la Faucille.*

15. Alpes. — Les *Alpes occidentales* s'étendent du lac de Genève à la Méditerranée. On les divise, du nord au sud, en : *massif du Mont-Blanc, Alpes Graies, Alpes Cottiennes* et *Alpes Maritimes.* Leur point culminant, le *mont Blanc* (4.810 m.), est le plus haut sommet de toute l'Europe. Entre le *mont Cenis* et le *mont Thabor* s'ouvre le célèbre *tunnel du mont Cenis* (long de plus de 12 kilomètres), qui livre passage à un chemin de fer. Le *mont Viso* donne naissance au Pô.

Les *Alpes* envoient en France trois contreforts principaux : 1° les *Alpes de Savoie,* avec leurs imposants *massifs de la Grande-Chartreuse* et de la *Vanoise;* — 2° les *Alpes du Dauphiné,* dont certaines cimes dépassent 4.000 mètres (Barre des Écrins, dans le massif du Pelvoux). Elles dominent la vallée du Rhône au *mont Ventoux;* 3° les *Alpes maritimes,* comprises entre la Durance et la Méditerranée, où elles prennent le nom de *monts des Maures.*

Malgré leur hauteur, les Alpes sont aisément franchies par de belles routes aux *cols du Petit-Saint-Bernard, du mont Cenis, du mont Genèvre, de Larche, de Tende,* etc.

16. Pyrénées. — La *chaîne des Pyrénées* se hausse, comme un rempart, entre la France et l'Espagne. On la divise généralement en trois parties : *Pyrénées orientales, centrales, occidentales.*

Les *Pyrénées orientales* renferment la cime majestueuse du *Canigou* et le chaînon des *Albères,* au voisinage de la Méditerranée.

DEVOIRS. — 12. Dites ce que vous savez de la Côte-d'Or, du Morvan et du plateau de Langres. Qu'est-ce que le plateau de Lorraine et comment est-il limité ? — 13 Parlez des Vosges. Citez les principaux sommets des Vosges. — 14. Où est situé le Jura ? Quel est son point culminant ? — 15. 16. Commencent et finissent les Alpes françaises? Quel est leur point culminant ? Quel important tunnel les traverse ? Citez leurs trois contreforts principaux.

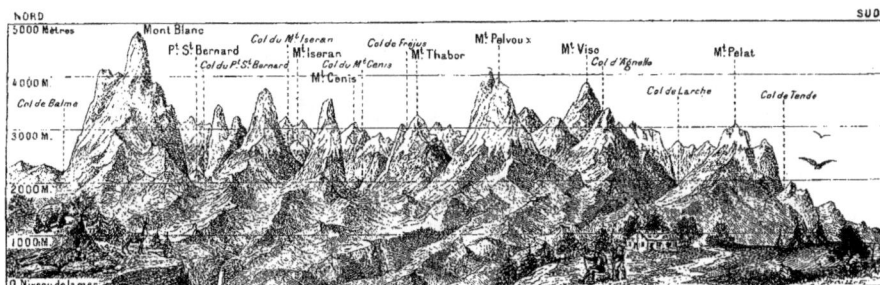

PRINCIPAUX PICS ET PRINCIPAUX PASSAGES DES ALPES FRANCO-ITALIENNES [1].

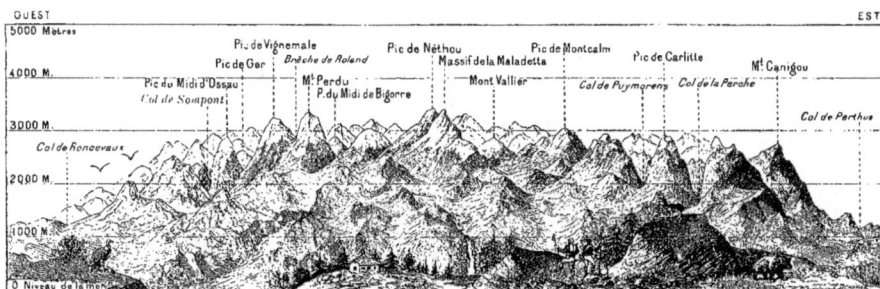

PRINCIPAUX PICS ET PRINCIPAUX PASSAGES DES PYRÉNÉES FRANCO-ESPAGNOLES [1].

[1] Les hauteurs données aux pics sont rigoureusement proportionnelles à leur hauteur réelle ; mais la distance entre ces pics, bien qu'étant proportionnellement observée, a dû être resserrée, ce qui fait que la hauteur des montagnes n'est pas en rapport avec la longueur de la chaîne.

Dans les *Pyrénées centrales* se dressent, en territoire espagnol, le *massif de la Maladetta*, d'où sort la Garonne, et le *pic de Néthou* (3.404 m.), point culminant de la chaîne. Vers le nord se détachent les *monts de Bigorre* (pic du Midi) et les *collines d'Armagnac*.

Le *mont Perdu*, le *Vignemale* (3.928 m.), la plus haute cime française des Pyrénées, se trouvent dans la *partie occidentale*.

Les Pyrénées sont moins hautes que les Alpes ; mais leurs cols sont très élevés et peu abordables. Les routes, les lignes de chemins de fer qui relient la France à l'Espagne ont été tracées aux deux extrémités de la chaîne, en attendant que la montagne soit percée par des tunnels.

COURS D'EAU

1. Bassins. — La France est arrosée par de nombreux cours d'eau répartis en cinq grands bassins : *bassins de la Seine, de la Loire, de la Garonne, du Rhône et du Rhin*.

Outre ces cinq bassins principaux, il existe plusieurs bassins secondaires :

1° Les *bassins de la Meuse* et de *l'Escaut*, tributaires de la mer du Nord ;

2° Les *bassins de la Somme, de l'Orne, de la Vire et de la Rance*, qui se jettent dans la Manche ;

3° Les *bassins du Blavet, de la Vilaine, de la Sèvre Niortaise, de la Charente et de l'Adour*, rivières qui versent leurs eaux dans l'océan Atlantique ;

4° Les *bassins de la Têt, de l'Aude, de l'Hérault, de l'Argens et du Var*, dont les eaux s'écoulent dans la Méditerranée.

2. Versants. — Une longue chaîne de collines et de montagnes forme la *ligne de partage des eaux* et divise notre pays en deux versants principaux : au nord et à l'ouest de cette ligne, les cours d'eau se jettent dans la mer du Nord, la Manche et l'océan Atlantique (*versant de l'Océan*) ; au sud, ils tombent dans la mer Méditerranée (*versant de la Méditerranée*).

DEVOIRS. — 15. Indiquez les divisions des Pyrénées, leurs principaux sommets. Comment sont les lignes de chemin de fer ? — 1. En combien de grands bassins se répartissent les fleuves français. Citez-les. Nommez les bassins secondaires. — 2. En combien de versants divise-t-on la France ?

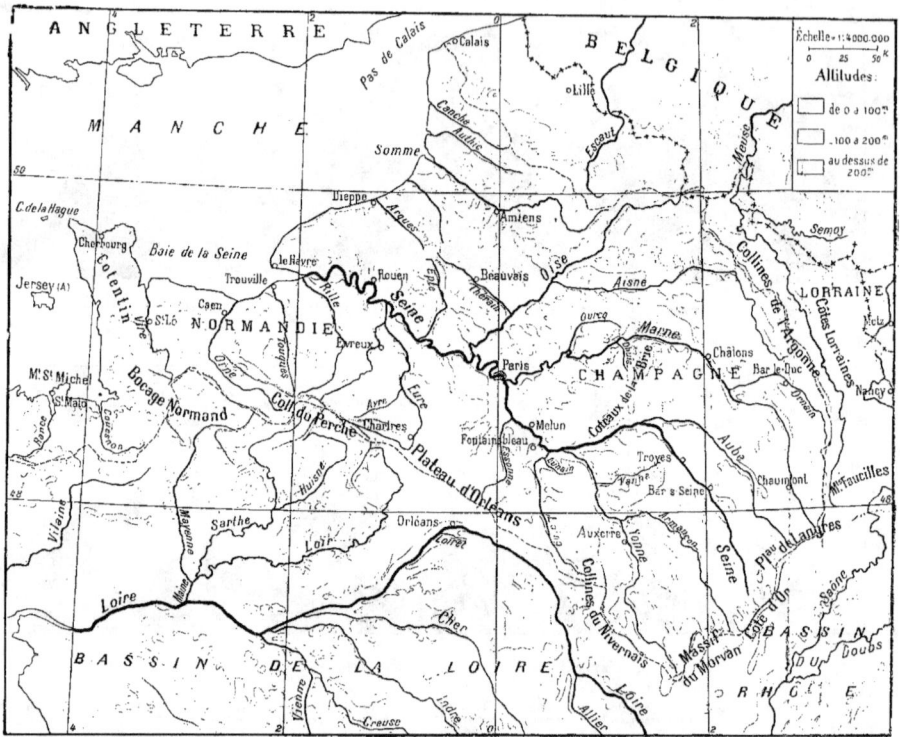

LA SEINE ET SES AFFLUENTS. — (*Exercice cartographique.*)

3. La Seine. — La SEINE, au cours lent et sinueux, sort du plateau de Langres pour aller se jeter dans la Manche.

Elle n'a point de crues dangereuses en hiver, non plus que d'eaux trop basses en été; aussi cette régularité est-elle favorable à la navigation. C'est le fleuve de France qui transporte le plus de marchandises.

Les villes principales baignées par la Seine sont : *Troyes*, dans la grande plaine de Champagne; *Melun; Paris*, notre belle capitale; *Rouen*, la vieille cité normande; enfin, *Le Havre*, notre deuxième port de commerce, à l'embouchure du fleuve.

Née dans le département de la *Côte-d'Or*, la Seine traverse l'*Aube*, entre un instant dans la *Marne*, puis arrose les départements de *Seine-et-Marne*, de *Seine-et-Oise*, de la *Seine* (de nouveau Seine-et-Oise), de l'*Eure*, et de la *Seine-Inférieure*. (Voir p. 38.)

4. Affluents de la Seine. — Sur sa rive droite, la Seine reçoit quatre affluents principaux : 1° l'AUBE roule ses eaux blanches sur le sol crayeux de la Champagne; — 2° la MARNE baigne *Chaumont, Châlons* et se jette dans la Seine en amont de Paris; — 3° l'OISE a sa source en Belgique et se grossit de l'AISNE; — 4° l'EPTE séparait jadis la Normandie de l'Île-de-France.

5. Sur sa rive gauche, la Seine reçoit aussi quatre affluents principaux : 1° l'YONNE, venue du Morvan, baigne *Auxerre* et se grossit de l'ARMANÇON, puis de la VANNE, petite rivière dont les eaux pures sont amenées à Paris; 2° le LOING longe la superbe forêt de Fontainebleau; 3° l'EURE passe à *Chartres* et reçoit l'ITON; — 4° la RILLE se jette dans l'estuaire de la Seine.

6. Fleuves côtiers. — 1° La SOMME baigne *Amiens* et sa belle cathédrale; — 2° l'ORNE arrose *Caen;* — 3° la VIRE passe à *Saint-Lô;* — 4° la RANCE forme devant *Saint-Malo* un large estuaire.

7. La ceinture du bassin de la Seine est formée : à l'est par les *collines de l'Argonne* et le *plateau de Langres;* — au sud-est par le *massif du Morvan* et les *collines du Nivernais;* — au sud-ouest par les *collines du Perche* et le *bocage normand.*

Entre Paris et Orléans, la Seine et la Loire sont séparées par de grandes plaines à pente presque insensible : *plateau d'Orléans.* De même, au nord, de faibles ondulations séparent le bassin de la Seine de celui de l'Escaut.

DEVOIRS. — 3. Parlez du cours de la Seine. Nommez les villes principales qu'elle baigne. Citez les départements qu'elle traverse. — 4. Quels sont les affluents de la Seine : 1° sur la rive droite; 2° sur la rive gauche? — D'où vient le nom de l'Aube, qui signifie la blanche? Quelles villes trouve-t-on sur la Marne? L'Oise a-t-elle tout son cours en France? Quelles provinces étaient séparées par l'Epte? — 5. Quelles rivières charrient les bois du Morvan jusqu'à Paris? Quelle rivière longe la forêt de Fontainebleau? — 6. Nommez les fleuves côtiers compris dans le bassin de la Seine. Quel port voit-on sur l'estuaire de la Rance? — 7. Comment est formée la ceinture du bassin de la Seine? La ceinture d'un bassin est-elle toujours formée de montagnes ou de hautes collines? Cas de la Seine au nord et au sud.

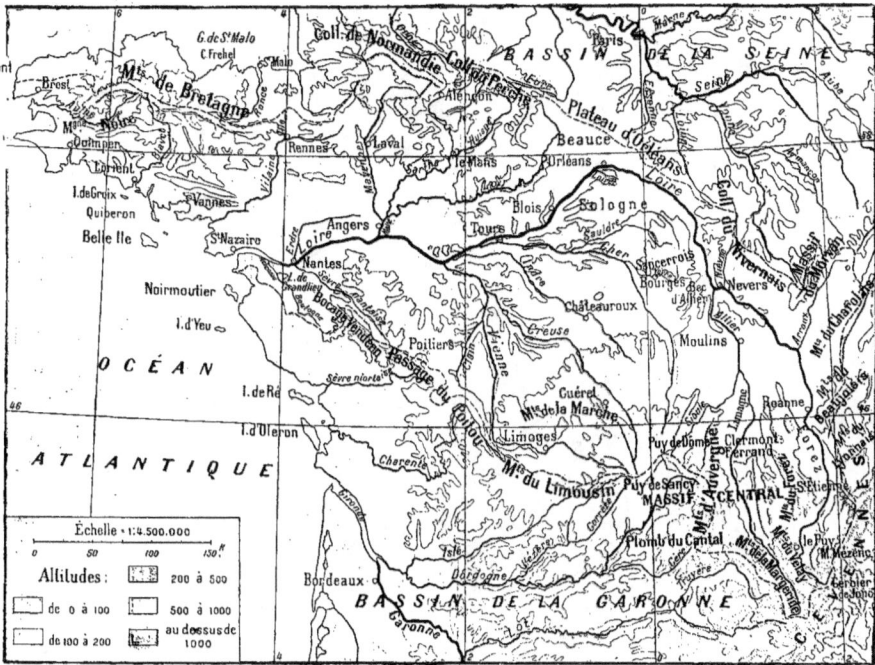

LA LOIRE ET SES AFFLUENTS. — *(Exercice cartographique.)*

8. La Loire. — La LOIRE est le plus long fleuve de France. Elle prend sa source dans les Cévennes, au mont Gerbier-de-Joncs, et décrit une grande courbe pour se rendre dans l'océan Atlantique.

Malgré la longueur de son cours (près de 1.000 kilom.), ce beau fleuve est peu navigable : il est embarrassé de bancs de sable et ses eaux sont trop basses en été. Pendant l'hiver, au contraire, la Loire est sujette à des crues terribles qui inondent sa vallée et détruisent les digues élevées par les riverains.

Les villes principales que baigne la Loire sont : *Roanne*, où le fleuve devient navigable; *Nevers*; *Orléans*, vieille cité historique; *Blois*, *Tours*, au milieu du jardin de la France; *Nantes* et *Saint-Nazaire*, près de son embouchure.

Venue de l'Ardèche, la Loire arrose la *Haute-Loire*, la *Loire*, le département de *Saône-et-Loire*, qu'elle sépare de l'*Allier*; la *Nièvre*, qu'elle sépare du *Cher*. Elle traverse les départements du *Loiret*, de *Loir-et-Cher*, d'*Indre-et-Loire*, de *Maine-et-Loire*, enfin de la *Loire-Inférieure*. (Voir p. 38.)

9. Affluents de la Loire. — Sur sa rive droite, la Loire reçoit deux affluents principaux : 1° la NIÈVRE, qui a son confluent à Ne-

vers; — 2° la MAINE, qui passe à *Angers*. La Maine est formée par la réunion de trois cours d'eau : la MAYENNE, rivière de *Laval*; la SARTHE, qui baigne *Alençon*, *Le Mans*; et le LOIR, affluent de la Sarthe.

10. Sur sa rive gauche, la Loire reçoit six affluents principaux : 1° l'ALLIER arrose *Moulins*; — 2° le LOIRET, ou petite Loire, porte bateaux dès sa source; — 3° le CHER borde au sud la marécageuse Sologne; — 4° l'INDRE baigne *Châteauroux*; — 5° la VIENNE descend du plateau central, passe à *Limoges*, se grossit du CLAIN, qui arrose *Poitiers*, puis de la CREUSE; — 6° la SÈVRE NANTAISE se jette dans la Loire en face de *Nantes*.

11. Fleuves côtiers. — 1° L'AULNE se rend dans la rade de *Brest*; — 2° le BLAVET forme, devant *Lorient*, un large estuaire; — 3° la VILAINE passe à *Rennes*.

12. Le bassin de la Loire est délimité, au sud et à l'est, par le *Massif central*, c'est-à-dire par les monts du Limousin, les monts d'Auvergne et les *Cévennes septentrionales*; — au nord-est, par le *massif du Morvan* et les collines du *Nivernais*; — au nord-ouest, par les collines du *Perche* et les monts de *Bretagne*. — Partout ailleurs la direction des eaux courantes plus que l'altitude — presque nulle entre Orléans et Paris — détermine les limites de ce grand bassin.

On a coutume de faire figurer la Bretagne dans le bassin de la Loire, bien que cette région mérite une hydrographie à part.

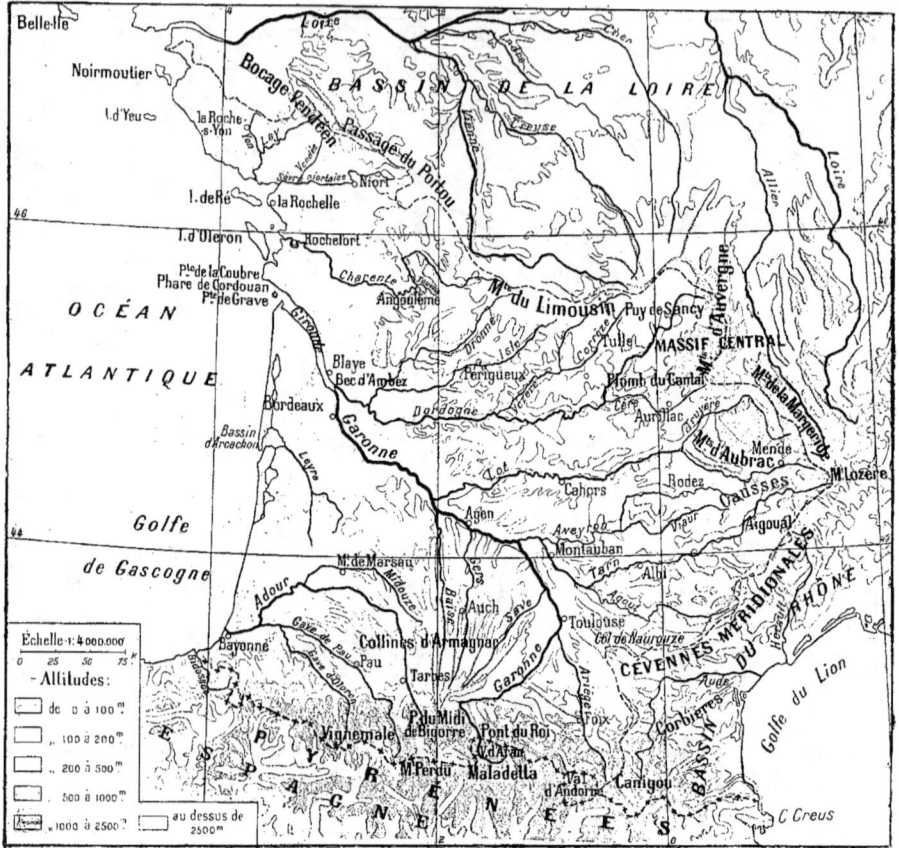

LA GARONNE ET SES AFFLUENTS. — *(Exercice cartographique.)*

13. La Garonne. — La GARONNE descend des Pyrénées, prend le nom de GIRONDE après sa réunion avec la DORDOGNE, et se rend dans le golfe de Gascogne.

Comme la Loire, la Garonne est sujette à des inondations subites et désastreuses.

Les villes principales baignées par ce fleuve sont : *Toulouse*, très ancienne cité ; *Agen* et sa riante vallée ; *Bordeaux*, aux vins célèbres.

Née en Espagne, au val d'Aran, la Garonne traverse les départements de la *Haute-Garonne*, du *Tarn-et-Garonne*, du *Lot-et-Garonne* et de la *Gironde*. (Voir p. 38.)

14. Affluents de la Garonne. — Sur la rive droite, la Garonne reçoit quatre affluents principaux : 1° l'ARIÈGE naît dans les Pyrénées et passe à *Foix* ; — 2° le TARN prend sa source dans les Cévennes, arrose *Albi*, *Montauban*, et reçoit l'AVEYRON, rivière de *Rodez* ; — 3° le LOT, venu également des Cévennes, passe à *Mende* et *Cahors*. Ces rivières, sorties du Massif central, traversent la

région désolée des Causses et coulent dans des gorges profondes ; — 4° la DORDOGNE descend des monts d'Auvergne, se grossit de la VÉZÈRE qui reçoit la CORRÈZE, puis de l'ISLE, rivière de *Périgueux*. Elle se joint à la Garonne au « bec d'Ambez ».

15. Sur la rive gauche, la Garonne reçoit trois affluents : la SAVE, le GERS et la BAÏSE qui prennent leur source dans les collines de l'Armagnac. Le Gers passe à *Auch*.

16. Fleuves côtiers. — 1° La SÈVRE NIORTAISE passe à *Niort* et reçoit la VENDÉE ; — 2° La CHARENTE arrose *Angoulême* et *Rochefort* ; — 3° la LEYRE se jette dans le bassin d'Arcachon ; — 4° l'ADOUR vient des Pyrénées, arrose *Tarbes*, *Bayonne* et se grossit : à droite, de la MIDOUZE, rivière de *Mont-de-Marsan* ; à gauche, du GAVE DE PAU qui passe à *Pau*.

17. Le bassin de la Garonne est nettement délimité, sauf au nord-ouest où de simples ondulations de terrain le séparent du bassin de la Loire. Au sud, les *Pyrénées occidentales et centrales* ; à l'est, les *Corbières* et les *Cévennes méridionales* ; au nord-est, les monts d'Auvergne et du Limousin, c'est-à-dire le versant méridional du *Massif central*.

DEMANDES. — 13. Parlez du cours de la Garonne. Dites les villes et les départements baignés par ce fleuve. — 14. Quels sont les affluents de la Garonne à droite ? Comment se nomme la région où coulent le Lot, l'Aveyron et le Tarn ? Comment est le lit de ces rivières ? D'où descend la Dordogne ? Comment se nomme son confluent avec la Garonne ? Quelle est la rivière qui passe à Foix ? à Montauban et Albi ? à Rodez ? à Mende et Cahors ? à Périgueux ? à Auch ? — 15. Dites les affluents de la rive gauche de la Garonne. — 16. Dites les noms des fleuves côtiers et des villes qu'ils arrosent. — 17. Comment est formée la ceinture du bassin de la Garonne ?

Echelle 1:4 000 000
0   25   50   75ᴷ

Altitudes :

de 0 à 100ᵐ
„ 100 à 200ᵐ
„ 200 à 500ᵐ
„ 500 à 1000ᵐ
„ 1000 à 2500ᵐ
au dessus de 2500ᵐ

LE RHÔNE ET SES AFFLUENTS. — (*Exercice cartographique.*)

18. Le Rhône. — Le RHÔNE prend sa source dans les Alpes suisses, au massif du Saint-Gothard. Il traverse le lac de Genève et va se jeter dans la Méditerranée par plusieurs embouchures formant un « delta ».

C'est le fleuve de France qui roule le plus d'eau. Malheureusement il est peu navigable à cause de ses bancs de sable et de son courant rapide.

Les villes principales que baigne le Rhône sont ; *Genève* (en Suisse); *Lyon*, troisième ville de France; *Valence; Avignon* et son vieux palais des papes; *Arles*, où il se sépare en deux branches pour entourer l'île de la Camargue.

Sorti de Suisse, le Rhône sépare le département de l'*Ain* de là *Haute-Savoie*, de la *Savoie* et de l'*Isère*. Il sépare encore l'Isère du *Rhône* et de la *Loire*; puis il sert de limites à la *Drôme* et à l'*Ardéche*, au *Vaucluse*,

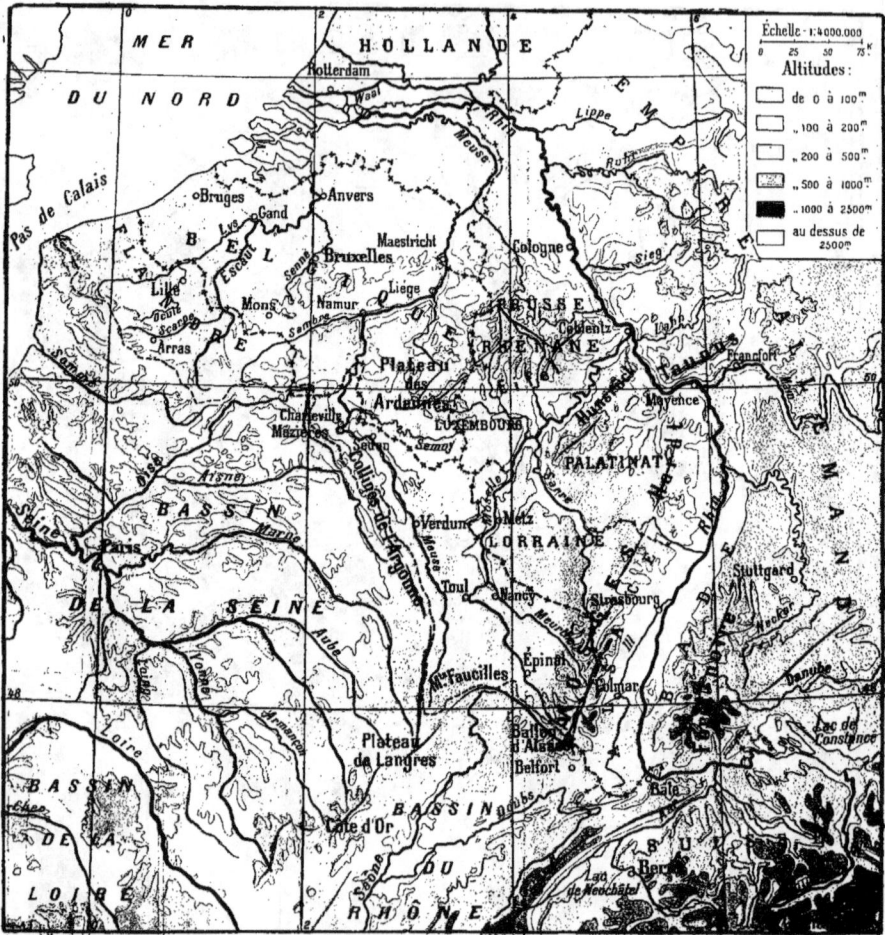

LE RHIN, LA MEUSE ET L'ESCAUT. — (*Exercice cartographique.*)

aux *Bouches-du-Rhône* et au *Gard*. A partir d'Arles, le grand Rhône coule dans les Bouches-du-Rhône, tandis que le petit Rhône sépare ce département de la plaine de Nîmes. (Voir p. 38.)

19. Affluents du Rhône. — Sur sa rive droite, le Rhône reçoit quatre affluents principaux : 1º l'AIN descend du Jura ; — 2º la SAÔNE prend sa source dans les monts Faucilles, se grossit du DOUBS, rivière de *Besançon*, et passe à *Mâcon* ; — 3º l'ARDÈCHE vient des Cévennes ; — 4º le GARD naît également dans les Cévennes.

20. Sur la rive gauche, le Rhône reçoit cinq affluents principaux : l'ARVE sort du massif du Mont-Blanc ; — 2º le FIER descend des Alpes de Savoie et déverse les eaux du lac d'Annecy ; — 3º l'ISÈRE prend sa source dans les grandes Alpes et arrose *Grenoble* ; — 4º la DRÔME naît dans les Alpes du Dauphiné ; —

5º la DURANCE, grand torrent descendu des Alpes Cottiennes, est grossie du VERDON.

21. Fleuves côtiers. — 1º La TÊT sort des Pyrénées et arrose *Perpignan* ; — 2º l'AUDE prend sa source dans les mêmes montagnes, passe à *Carcassonne*, et se jette dans le golfe du Lion ; — 3º l'HÉRAULT naît dans les Cévennes ; — 3º l'ARGENS vient des Alpes de Provence ; — 5º le VAR n'arrose plus le département qui porte son nom.

22. Le bassin du Rhône est le mieux délimité des bassins français. Presque partout il a de hautes montagnes pour cadre : à l'est, les *Alpes occidentales* et les *Alpes centrales* jusqu'au Saint-Gothard ; — au nord, les *Alpes bernoises* jusqu'au lac de Genève, le *Jura*, le pied des *Vosges*, les monts *Faucilles*, le *plateau de Langres* et la *Côte-d'Or* ; puis les *Cévennes* dans toute leur longueur, au nord-ouest et à l'ouest; — enfin, les *Corbières*, rameau pyrénéen, et les *Pyrénées orientales*, au sud-ouest.

23. Le Rhin. — Depuis la perte de l'Alsace, la France ne confine plus au Rhin, qui limitait, à l'est, les départements du *Haut-Rhin* et du *Bas-Rhin*. Mais nous avons conservé le cours supérieur de la Moselle, affluent de rive gauche du grand fleuve.

La MOSELLE vient des Vosges, passe à *Épinal*, célèbre par ses imageries; à *Toul*, ville forte; à *Metz*, grande forteresse tombée aux mains des Allemands. Elle se grossit de la MEURTHE, rivière de *Nancy*.

Après avoir traversé le département des *Vosges*, la Moselle arrosait jadis les départements de la *Meurthe* et de la *Moselle*, aujourd'hui mutilés (Meurthe-et-Moselle).

24. La Meuse. — La MEUSE a sa source au plateau de Langres. Elle arrose *Verdun*, *Sedan*, *Mézières*, traverse la Belgique où elle reçoit la SAMBRE, venue de France, et se jette dans la mer du Nord en territoire hollandais. Ses embouchures sont si voisines de celles du Rhin que leurs eaux se confondent.

Départements traversés : Haute-Marne, Vosges, Meuse, Ardennes.

25. L'Escaut. — L'ESCAUT naît dans la plaine de Flandre (département du Nord). Il passe ensuite de France en Belgique, puis en Hollande pour se rendre dans la mer du Nord.

L'Escaut est grossi de la SCARPE, rivière d'*Arras*, et de la LYS, dont un petit affluent, la DEULE, passe à *Lille*.

CLIMATS

26. La fertilité d'un pays dépend du climat presque autant que de la terre. La France doit à sa situation, à la fois maritime et continentale, un climat très varié, mais surtout maritime.

On distingue ordinairement sept climats :

1° *Climat parisien* ou séquanien. Hivers assez froids, étés tièdes, atmosphère généralement fraîche.

Climats. — (*Ex. cartographique*).

2° *Climat breton* ou armoricain. Hivers très doux, étés tempérés ; pluies fréquentes.

3° *Climat girondin*. Hivers doux, étés chauds, longs automnes.

4° *Climat auvergnat*. Hivers rudes, neige abondante, étés chauds.

5° *Climat vosgien*. Hivers froids et longs, étés chauds et courts.

6° *Climat lyonnais* ou rhodanien. Hivers froids, brouillards, pluies fréquentes, beaux étés.

7° *Climat méditerranéen*. Hivers doux, étés secs, grand vent du nord (mistral), pluies subites et courtes.

EXERCICES CARTOGRAPHIQUES. — 1. Tracez le cours de la Seine, celui de ses affluents et marquez les villes arrosées par ces cours d'eaux. — 2. Tracez le cours du Rhône et de ses affluents. — 3. Dessinez le bassin de la Garonne, le cours du fleuve et indiquez les villes arrosées par la Garonne. — 4. Tracez le cours du Rhin avec ses affluents de gauche. Indiquez la ligne frontière entre l'Allemagne et la France. — 5. Tracez le cours de la Loire avec ses affluents. — 6. Tracez la ligne de partage des eaux qui divise la France en deux grands versants, des Corbières aux collines de l'Argonne. — 7. Faites une carte de France dans laquelle vous indiquerez le cours des cinq grands fleuves avec leurs affluents et les principales villes arrosées par ces fleuves. — 8. Tracez le littoral de l'océan Atlantique et de la Manche en plaçant les îles voisines de la côte.

FRANCE. — Carte des bassins.

DEVOIRS. — 23. Quel affluent du Rhin possédons-nous encore? Décrivez le cours de la Moselle. Quel affluent reçoit-elle sur la rive droite? — 24. Décrivez le cours de la Meuse. — 25. Décrivez le cours de l'Escaut. Quelles rivières passent à Arras? à Lille? Dans quelle mer le Rhin, la Meuse et l'Escaut vont-ils se déverser? Quels pays sont arrosés par ces grands cours d'eau? Serait-il important pour la France d'avoir la rive gauche du Rhin? Pourquoi. — Parlez du climat. Combien de climats distingue-t-on en France?

FRANCE GÉNÉRALE

Tableau des villes de France ayant plus de 100.000 habitants.

1. Paris 2.888.000	5. Lille 218.000	9. Nice 143.000			
2. Marseille 350.000	6. Nantes 171.000	10. Le Havre 136.000	13. Nancy 120.000		
3. Lyon 524.000	7. Toulouse 150.000	11. Rouen 125.000	14. Reims 115.000		
4. Bordeaux 262.000	8. Saint-Etienne .. 179.000	12. Roubaix 123.000	15. Toulon 105.000		

Devoirs. — 1. Faire un croquis de la France et y marquer les villes de plus de 100.000 habitants. — 2. Caractériser chacune de ces villes en indiquant sa situation, le nombre de ses habitants, son commerce, son industrie, ses monuments remarquables. — 3. Grouper ces villes par régions. — 4. Disposer en tableau les villes suivantes avec leur population : Nancy, Toulon, Nice, Amiens, Limoges, Angers, Nîmes.

Brest, Montpellier, Tourcoing, Rennes, Dijon, Orléans, Grenoble, Tours, Le Mans, Besançon, Calais, Versailles, Troyes, Clermont-Ferrand. — 5. Grouper ces villes par régions" — Dire la région qui renferme le plus de grandes villes, — celle qui en renferme le moins. — L'agrogkaphie. Faire un croquis de la France et y marquer les villes de plus de 20.000 habitants.

	ANCIENNES PROVINCES	DÉPARTEMENTS	CHEFS-LIEUX	SOUS-PRÉFECTURES
NORD	FLANDRE........	Nord	*Lille*	Dunkerque, Hazebrouck, Douai, Valenciennes, Cambrai, Avesnes.
	ARTOIS.........	Pas-de-Calais.....	*Arras*	Saint-Omer, Boulogne, Béthune, Montreuil, Saint-Pol.
	PICARDIE.......	Somme.........	*Amiens*........	Doullens, Abbeville, Péronne, Montdidier.
		Seine	*Paris*.........	Saint-Denis, Sceaux (toujours sous-préfectures mais sans sous-préfet).
		Seine-et-Oise.....	*Versailles*	Pontoise, Mantes, Rambouillet, Corbeil, Étampes.
	ILE-DE-FRANCE	Oise..........	*Beauvais*.......	Compiègne, Clermont, Senlis.
		Aisne.........	*Laon*	Vervins, Saint-Quentin, Soissons, Château-Thierry.
		Seine-et-Marne....	*Melun*	Meaux, Coulommiers, Provins, Fontainebleau.
NORD-EST		Ardennes.......	*Mézières*.......	Rocroy, Sedan, Rethel, Vouziers.
	CHAMPAGNE	Marne.........	*Châlons-sur-Marne.*	Reims, Sainte-Menehould, Épernay, Vitry-le-François.
		Aube	*Troyes*........	Arcis-sur-Aube, Nogent-sur-Seine, Bar-sur-Aube, Bar-sur-Seine.
		Haute-Marne.....	*Chaumont*	Langres, Vassy.
		Meuse	*Bar-le-Duc*	Montmédy, Verdun, Commercy.
	LORRAINE	Meurthe-et-Moselle..	*Nancy*	Briey, Toul, Lunéville.
		Vosges........	*Épinal*........	Saint-Dié, Neufchâteau, Mirecourt, Remiremont.
	ALSACE.........	Territoire de Belfort.	*Belfort*	
NORD-OUEST		Seine-Inférieure ...	*Rouen*.........	Dieppe, Neufchâtel, Yvetot, Le Havre.
	NORMANDIE	Eure	*Évreux*........	Pont-Audemer, Les Andelys, Louviers, Bernay.
		Orne	*Alençon*	Argentan, Domfront, Mortagne.
		Calvados.......	*Caen*	Bayeux, Pont-l'Évêque, Lisieux, Falaise, Vire.
		Manche........	*Saint-Lô*	Cherbourg, Valognes, Coutances, Avranches, Mortain.
		Ille-et-Vilaine....	*Rennes*	Saint-Malo, Fougères, Vitré, Montfort, Redon.
	BRETAGNE.......	Côtes-du-Nord	*Saint-Brieuc*.....	Lannion, Guingamp, Dinan, Loudéac.
		Finistère.......	*Quimper*	Morlaix, Brest, Châteaulin, Quimperlé.
		Morbihan.......	*Vannes*........	Pontivy, Ploërmel, Lorient.
		Loire-Inférieure ...	*Nantes*........	Châteaubriant, Ancenis, Saint-Nazaire, Paimbœuf.
	MAINE	Sarthe	*Le Mans*	Mamers, Saint-Calais, La Flèche.
		Mayenne.......	*Laval*	Mayenne, Château-Gontier.
	ANJOU	Maine-et-Loire....	*Angers*	Segré, Baugé, Saumur, Cholet.
OUEST		Vienne........	*Poitiers*	Loudun, Châtellerault, Montmorillon, Civray.
	POITOU........	Deux-Sèvres.....	*Niort*	Bressuire, Parthenay, Melle.
		Vendée........	*La Roche-sur-Yon* .	Les Sables-d'Olonne, Fontenay-le-Comte.
	AUNIS et SAINTONGE.	Charente-Inférieure.	*La Rochelle*.....	Rochefort, Saint-Jean-d'Angély, Marennes, Saintes, Jonzac.
	ANGOUMOIS	Charente.......	*Angoulême*......	Ruffec, Confolens, Cognac, Barbezieux.
CENTRE		Loiret.........	*Orléans*........	Pithiviers, Montargis, Gien.
	ORLÉANAIS......	Loir-et-Cher	*Blois*	Vendôme, Romorantin.
		Eure-et-Loir	*Chartres*	Dreux, Nogent-le-Rotrou, Châteaudun.
	TOURAINE	Indre-et-Loire....	*Tours*.........	Chinon, Loches.
	BERRY	Cher..........	*Bourges*	Sancerre, Saint-Amand.
		Indre	*Châteauroux*.....	Issoudun, Le Blanc, La Châtre.
	BOURBONNAIS	Allier.........	*Moulins*	Montluçon, La Palisse, Gannat.
	NIVERNAIS.......	Nièvre	*Nevers*........	Clamecy, Cosne, Château-Chinon.
SUD-OUEST		Gironde	*Bordeaux*	Lesparre, Blaye, Libourne, La Réole, Bazas.
		Dordogne	*Périgueux*	Nontron, Ribérac, Sarlat, Bergerac.
	GUYENNE.......	Lot-et-Garonne....	*Agen*	Marmande, Villeneuve-sur-Lot, Nérac.
		Lot	*Cahors*	Gourdon, Figeac.
		Tarn-et-Garonne...	*Montauban*	Moissac, Castelsarrasin.
		Aveyron	*Rodez*........	Espalion, Villefranche-de-Rouergue, Millau, Saint-Affrique.
		Landes	*Mont-de-Marsan* ..	Saint-Sever, Dax.
	GASCOGNE	Gers..........	*Auch*.........	Condom, Lectoure, Mirande, Lombez.
		Hautes-Pyrénées...	*Tarbes*	Bagnères-de-Bigorre, Argelès.
	BÉARN	Basses-Pyrénées....	*Pau*	Bayonne, Orthez, Mauléon, Oloron.
MASSIF CENTRAL	AUVERGNE.......	Puy-de-Dôme.....	*Clermont-Ferrand* .	Riom, Thiers, Ambert, Issoire.
		Cantal........	*Aurillac*	Mauriac, Murat, Saint-Flour.
	MARCHE	Creuse	*Guéret*	Boussac, Aubusson, Bourganeuf.
	LIMOUSIN.......	Haute-Vienne.....	*Limoges*	Bellac, Rochechouart, Saint-Yrieix.
		Corrèze........	*Tulle*	Ussel, Brive.
SUD		Haute-Garonne....	*Toulouse*	Muret, Villefranche-de-Lauraguais, Saint-Gaudens.
		Tarn..........	*Albi*.........	Gaillac, Lavaur, Castres.
		Aude	*Carcassonne*	Castelnaudary, Narbonne, Limoux.
	LANGUEDOC......	Hérault........	*Montpellier*	Lodève, Saint-Pons, Béziers.
		Gard	*Nîmes*........	Alais, Uzès, Le Vigan.
		Ardèche	*Privas*........	Tournon, Largentière.
		Lozère	*Mende*	Marvéjols, Florac.
		Haute-Loire.....	*Le Puy*	Brioude, Yssingeaux.
	COMTÉ DE FOIX....	Ariège	*Foix*	Pamiers, Saint-Girons.
	ROUSSILLON	Pyrénées-Orientales.	*Perpignan*	Prades, Céret.
SUD-EST	SAVOIE........	Haute-Savoie.....	*Annecy*	Thonon, Bonneville, Saint-Julien.
		Savoie.........	*Chambéry*	Albertville, Moûtiers, Saint-Jean-de-Maurienne.
	DAUPHINÉ	Isère	*Grenoble*	La Tour-du-Pin, Vienne, Saint-Marcellin.
		Drôme	*Valence*	Die, Montélimar, Nyons.
		Hautes-Alpes	*Gap*.........	Briançon, Embrun.
	COMTAT-VENAISSIN.	Vaucluse.......	*Avignon*	Orange, Carpentras, Apt.
		Bouches-du-Rhône..	*Marseille*	Arles, Aix.
	PROVENCE.......	Var	*Draguignan*	Brignoles, Toulon.
		Basses-Alpes	*Digne*	Barcelonnette, Sisteron, Forcalquier, Castellane.
	COMTÉ DE NICE....	Alpes-Maritimes...	*Nice*.........	Puget-Théniers, Grasse.
	CORSE	Corse	*Ajaccio*........	Bastia, Calvi, Corte, Sartène.
EST		Yonne	*Auxerre*.......	Sens, Joigny, Tonnerre, Avallon.
	BOURGOGNE	Côte-d'Or	*Dijon*.........	Châtillon-sur-Seine, Semur, Beaune.
		Saône-et-Loire....	*Mâcon*	Autun, Chalon-sur-Saône, Louhans, Charolles.
		Ain	*Bourg*........	Gex, Nantua, Trévoux, Belley.
		Doubs.........	*Besançon*......	Montbéliard, Baume-les-Dames, Pontarlier.
	FRANCHE-COMTÉ...	Haute-Saône.....	*Vesoul*	Lure, Gray.
		Jura..........	*Lons-le-Saunier* ..	Dôle, Poligny, Saint-Claude.
	LYONNAIS	Rhône	*Lyon*.........	Villefranche-sur-Saône.
		Loire	*Saint-Étienne*. ...	Roanne, Montbrison.

LA FRANCE DIVISÉE EN PROVINCES.

RÉSUMÉ
Formation territoriale de la France.
Dates de l'annexion des provinces à la couronne.

Île-de-France, domaine de Hugues Capet	987
Berry, sous Philippe Ier	1100
Normandie, sous Philippe-Auguste	1204
Touraine, sous Philippe-Auguste	1204
Languedoc, sous Philippe III	1271
Champagne, sous Philippe le Bel	1286
Lyonnais, sous Philippe le Bel	1312
Dauphiné, sous Philippe VI	1349
Poitou, sous Charles V	1369
Aunis, sous Charles V	1371
Saintonge, sous Charles V	1372
Guyenne, sous Charles VII	1453
Picardie, sous Louis XI	1477
Bourgogne, sous Louis XI	1477
Anjou, sous Louis XI	1480
Maine, sous Louis XI	1481
Provence, sous Louis XI	1481
Orléanais, sous Louis XII	1498
Angoumois, sous François Ier	1515
Bourbonnais, sous François Ier	1532
Marche, sous François Ier	1532
Bretagne, sous François Ier	1532
Béarn, sous Henri IV	1489
Gascogne, partie sous Charles VII (1451), partie sous Henri IV	1589
Comté de Foix, sous Henri IV	1589
Limousin, sous Henri IV	1586
Auvergne, sous Louis XIII	1610
Alsace, sous Louis XIV	1648
Roussillon, sous Louis XIV	16.5
Artois, sous Louis XIV	1.59
Flandre, sous Louis XIV	1666
Nivernais, sous Louis XIV	1665
Franche-Comté, sous Louis XIV	
Lorraine, sous Louis XV	
Corse, sous Louis XV	
Comtat-Venaissin, sous la Révolution	179.
Savoie et comté de Nice, sous Napoléon III	1864

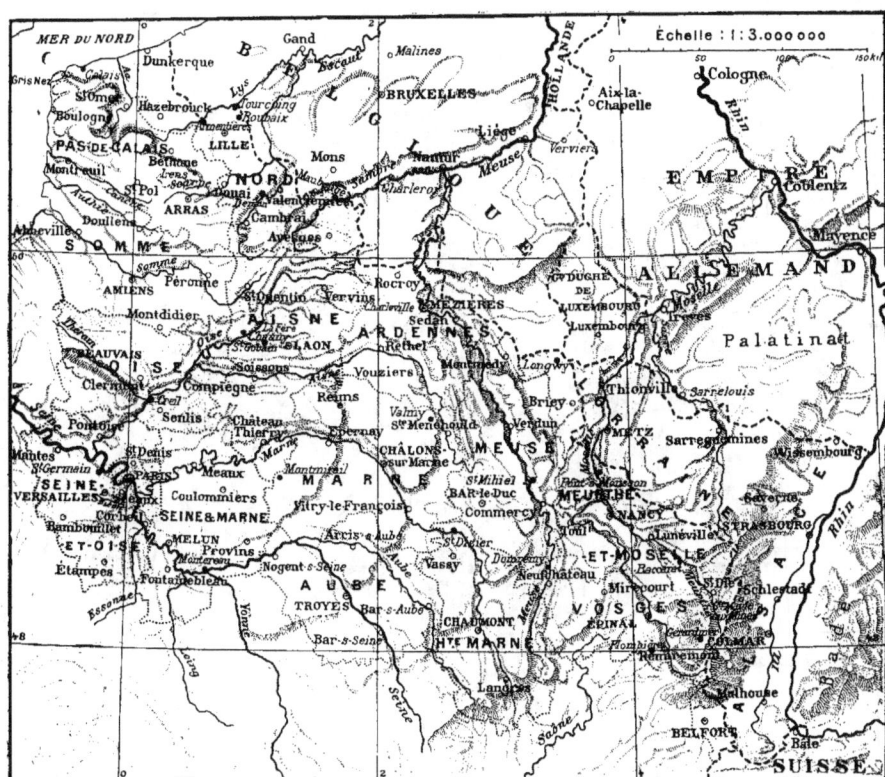

RÉGIONS DU NORD ET DU NORD-EST. — *Exercice cartographique.*

FRANCE POLITIQUE

DÉPARTEMENTS

La France compte 86 départements, plus le territoire de Belfort. Les départements empruntent leur nom aux cours d'eau (Seine, Indre-et-Loire), aux montagnes (Vosges, Jura), à leur situation géographique (Nord, Finistère), à la nature du sol (Landes).

On peut répartir les départements en dix régions.

I. RÉGION DU NORD. — Cette région, la plus importante par sa population, son industrie et son commerce, est sillonnée de canaux et de chemins de fer. Le sol produit le blé, la betterave, le colza, le lin, le tabac. Le bassin houiller du Nord fournit le charbon à de nombreuses industries : forges, raffineries de sucre, distilleries.

Le dialecte flamand est encore usité dans une partie de la Flandre ; par contre, on parle français dans une moitié de la Belgique.

Flandre (réunie sous Louis XIV, en 1668), cap. LILLE (1 dép.).

Nord, chef-lieu *Lille* ; sous-préfectures : Dunkerque, Hazebrouck, Douai, Valenciennes, Cambrai, Avesnes.

Lille (218.000 hab.), grande place de guerre, filatures de coton et de lin, fabriques de toile, d'huile de colza, de sucre de betterave, ateliers métallurgiques de Fives ; *Roubaix* (123.000 hab.) et *Tourcoing* (82.000 hab.), fabriques d'étoffes de laine et de coton ; *Dunkerque,* grand port de commerce, patrie de Jean Bart ; *Maubeuge,* place forte, fabriques de quincaillerie et d'outils ; *Valenciennes,* sur l'Escaut, centre d'un grand bassin houiller (mines d'Anzin) ; *Armentières,* fabriques de toiles.

Artois (réuni sous Louis XIV en 1659), cap. ARRAS (1 dép.).

Pas-de-Calais, ch.-l. *Arras* ; s.-pr. : Saint-Omer, Boulogne, Béthune, Montreuil, Saint-Pol.

Boulogne (53.000 hab.) ; *Calais* (72.000 hab.), ports importants en relation avec l'Angleterre, souvenirs historiques ; *Lens,* victoire de Condé qui amena la paix de Westphalie (1648).

Picardie (réunie sous Louis XI, en 1477), cap. AMIENS (1 dép.).

Somme, ch.-l. *Amiens* ; s.-pr. : Doullens, Abbeville, Péronne, Montdidier.

Amiens (93.000 hab.), sur la Somme, tissages de laine et fabriques de velours, belle cathédrale ; *Abbeville,* fabriques de toiles ; *Péronne,* ville ancienne sur la Somme.

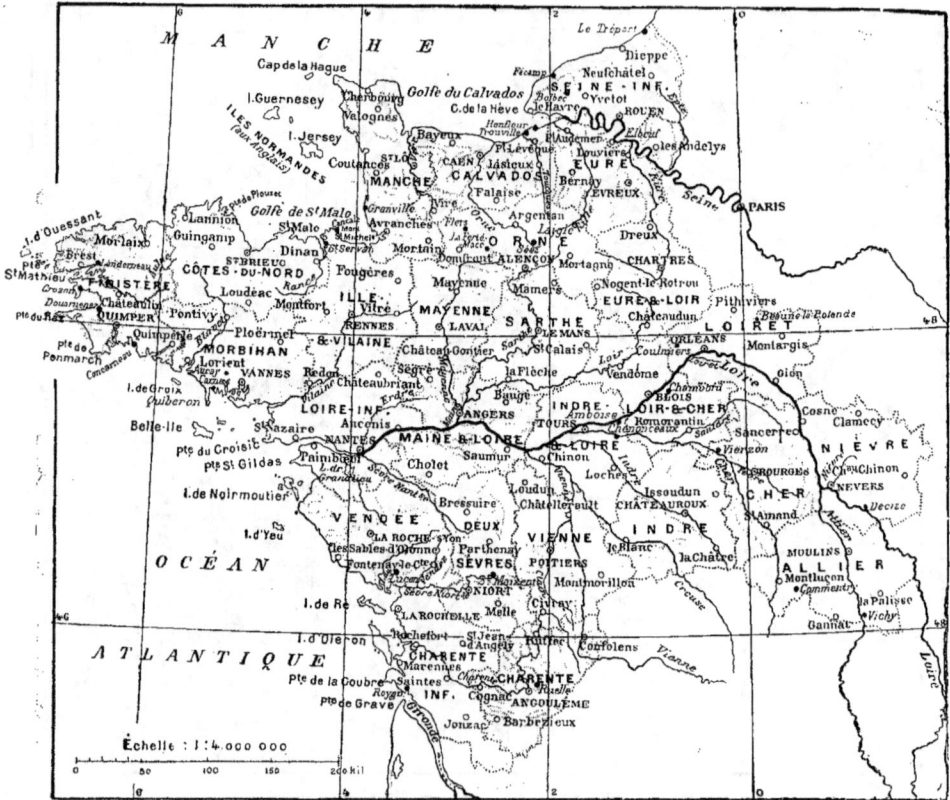

RÉGIONS DU NORD, DE L'OUEST ET DU CENTRE. — (*Exercice cartographique.*)

Ile-de-France (dom. de Hugues Capet, en 987), cap. PARIS (5 dép.).

Seine, ch.-l. *Paris* (Saint-Denis, Sceaux, s.-pr.).

Paris (2.888.000 hab.), notre capitale, est, par son industrie, ses monuments et ses écoles, une ville unique au monde; c'est la ville des arts et des sciences. Au nord de Paris : *Levallois, Saint-Ouen, Aubervilliers, Pantin* sont devenus des centres de fabriques très importants: *Saint-Denis* (64.000 hab.), ville industrielle, possède une abbaye célèbre qui servait de sépulture aux rois de France.

Seine-et-Oise, ch.-l. *Versailles*; s.-pr. : Pontoise, Mantes, Rambouillet, Corbeil, Étampes.

Versailles (60.000 h.), château et parc grandioses de Louis XIV; *Corbeil*, moulins et papeteries d'Essonnes; *Rambouillet*, château et forêt; *Saint-Germain-en-Laye*, château et belle terrasse, forêt; *Sèvres*, manufacture nationale de porcelaines.

Oise, ch.-l. *Beauvais*; s.-pr. : Compiègne, Clermont, Senlis.

Beauvais, tapisseries renommées; *Compiègne*, superbe château et forêt; *Creil*, faïences, verreries; *Chantilly* et *Pierrefonds*, châteaux historiques.

Aisne, ch.-l. *Laon*; s.-pr. : Vervins, Saint-Quentin, Soissons, Château-Thierry.

Laon, place forte; *Saint-Quentin* (55.000 hab.), tissus de

coton et de laine; *Château-Thierry*, patrie de La Fontaine; *Chauny* et *Saint-Gobain*, manufactures de glaces.

Seine-et-Marne, ch.-l. *Melun*; s.-pr. : Meaux, Coulommiers, Provins, Fontainebleau.

Melun, commerce de grains, *Fontainebleau*, château et forêt célèbres ; *Montereau*, au confluent de l'Yonne et de la Seine.

II. RÉGION DU NORD-EST. — La plaine crayeuse de la Champagne produit des vins mousseux connus du monde entier. Les forêts des Vosges, de l'Argonne et des Ardennes ont longtemps servi de barrière contre les envahisseurs.

Le plateau de Lorraine a des salines et des gisements de minerai de fer, les plus riches de France. On y trouve des carrières d'ardoise et de grès rouge des Vosges.

Champagne (r. sous Philippe le Bel, en 1286), cap. TROYES (4 dép.).

Ardennes, ch.-l. *Mézières*; s.-pr. : Rocroy, Sedan, Rethel, Vouziers.

Mézières, sur la Meuse, ville forte; *Charleville*, ville jumelle de Mézières, forges; *Sedan*, sur la Meuse, fabrique de draps; *Rocroy*, victoire de Condé en 1643; *Givet*, ardoisières.

Marne, ch.-l. *Châlons-sur-Marne; s.-pr.* : Reims, Sainte-Menehould, Épernay, Vitry-le-François.

Châlons, camp d'exercices militaires; *Reims* (115.000 hab.), tissage de laine, vins de Champagne, magnifique cathédrale, patrie de Colbert; *Épernay*, sur la Marne, vins mousseux.

Aube, ch.-l. *Troyes; s.-pr.* Arcis-sur-Aube, Nogent-sur-Seine, Bar-sur-Aube, Bar-sur-Seine.

Troyes, sur la Seine (55.000 hab.), bonneterie, églises anciennes remarquables.

Haute-Marne, ch.-l. *Chaumont; s.-pr.* : Langres et Vassy.

Langres, place forte, coutellerie célèbre; *Vassy*, minerai de fer et fonderies; *Saint-Dizier*, forges et fonderies.

Lorraine (réunie sous Louis XV, en 1766), cap. NANCY (3 dép.).

Meuse, ch.-l. *Bar-le-Duc; s.-pr.* : Montmédy, Verdun, Commercy.

Verdun, sur la Meuse, camp retranché.

Meurthe-et-Moselle, ch.-l. *Nancy; s.-pr.* : Briey, Toul, Lunéville.

Nancy (120.000 hab.), sur la Meurthe, très belle ville, souvenirs des ducs de Lorraine et du roi Stanislas, école forestière; *Toul*, camp retranché; *Baccarat*, cristalleries.

Vosges, ch.-l. *Épinal; s.-pr.* : Saint-Dié, Neufchâteau, Mirecourt, Remiremont.

Épinal, sur la Moselle, place forte, imageries; *Plombières*, eaux minérales et thermales; *Domrémy*, village près de Neufchâteau, a vu naître Jeanne d'Arc.

Territoire de Belfort, ch.-l. *Belfort* (39.000 hab.).

Cette place forte, célèbre par sa belle résistance en 1870, commande la trouée des Vosges; c'est la seule ville d'Alsace que nous ayons conservée.

Avant 1870, la **Lorraine** formait quatre départements : la Meuse, ch.-l. *Bar-le-Duc;* la Moselle, ch.-l. *Metz;* la Meurthe, ch.-l. *Nancy;* les Vosges, ch.-l. *Épinal.* Les lambeaux qui nous sont restés de la Meurthe et de la Moselle ont formé le département de Meurthe-et-Moselle. L'**Alsace** formait deux départements : le Bas-Rhin, ch.-l. *Strasbourg;* le Haut-Rhin, ch.-l. *Colmar,* ville principale *Mulhouse.*)

III. RÉGION DU NORD-OUEST. — La Normandie aux gras herbages, et la Bretagne, aux rochers de granit et aux vastes landes, forment la région maritime par excellence, celle qui a fourni à la France ses meilleurs marins. C'est aussi le pays du pommier et du cidre. On y élève des bœufs et des chevaux (races normande, bretonne, percheronne). Son beurre est renommé. Grâce à la douceur et à l'humidité de son climat, la côte ouest de la Bretagne est devenue l'un des jardins de la France; elle envoie ses primeurs, légumes, fruits, à Paris et en Angleterre.

L'ancienne langue celtique, le bas-breton, est encore parlée dans la partie occidentale de la péninsule (basse Bretagne).

Normandie (r. sous Philippe-Auguste, en 1204), cap. ROUEN (5 dép.).

Seine-Inférieure, ch.-l. *Rouen; s.-pr.* : Dieppe, Neufchâtel, Yvetot, Le Havre.

Rouen (125.000 hab.), port de commerce sur la Seine, belle cathédrale, filatures et tissages de coton, patrie de Pierre Corneille; *Le Havre* (136.000 hab.), notre second port de commerce, est en relations avec l'Angleterre et l'Amérique du Nord, grande activité commerciale (blé, café, coton, sucre); *Dieppe* et *Fécamp,* ports de pêche; *Elbeuf,* grandes manufactures de draps; *Le Tréport,* station balnéaire.

Eure, ch.-l. *Évreux; s.-pr.* : Pont-Audemer, Les Andelys, Louviers, Bernay.

Louviers, fabriques de draps.

Orne, ch.-l. *Alençon; s.-pr.* : Argentan, Domfront, Mortagne.

Alençon, sur la Sarthe, fabriques de toiles et de dentelles ; *Laigle,* fabriques d'aiguilles et d'épingles; *Séez,* évêché.

Calvados, ch.-l. *Caen ; s.-pr.* : Bayeux, Pont-l'Évêque, Lisieux, Falaise, Vire.

Caen (46.000 hab.), port sur l'Orne; *Lisieux,* tissus de laine et de coton; *Honfleur* et *Trouville,* stations balnéaires.

Manche, ch.-l. *Saint-Lô; s.-pr.* : Cherbourg, Valognes, Coutances, Avranches, Mortain.

Cherbourg (43.000 hab.), grand port militaire protégé par une digue de 4 kil.; *Granville,* port de pêche et station balnéaire. L'îlot du *Mont-Saint-Michel* est célèbre par son abbaye.

Bretagne (réunie sous François Ier, en 1532). cap. RENNES (5 dep.).

Ille-et-Vilaine, ch.-l. *Rennes; s.-pr.* : Saint-Malo, Fougères, Vitré, Montfort, Redon.

Rennes (79.000 habit.), au confluent de l'Ille et de la Vilaine. beurre renommé; *Saint-Malo* et *Saint-Servan,* armement de bateaux pour la pêche à la morue; *Cancale,* huîtres.

Côtes-du-Nord, ch.-l. *Saint-Brieuc; s.-pr.* : Lannion, Guingamp, Dinan, Loudéac.

Saint-Brieuc, armement pour la pêche à la morue.

Finistère, ch.-l. *Quimper; s.-pr.* : Morlaix, Brest, Châteaulin, Quimperlé.

Brest (90.000 hab.), grand port militaire et rade superbe, construction de bateaux; *Quimperlé,* primeurs.

Morbihan, ch.-l. *Vannes; s.-pr.* : Pontivy, Ploërmel, Lorient.

Lorient (49.000 hab.), l'un de nos cinq ports militaires, constructions navales; *Auray,* pêche à la sardine ; *Carnac,* monuments celtiques; *Quiberon,* petite ville maritime.

Loire-Inférieure, ch.-l. *Nantes; s.-pr.* : Châteaubriant, Ancenis. Saint-Nazaire.

Nantes (171.000 hab.), raffineries de sucre, fabriques de conserves, constructions navales. Les transatlantiques s'arrêtent à *Saint-Nazaire.*

Maine (réuni sous Louis XI, en 1481), cap. LE MANS (2 dép.).

Sarthe, ch.-l. *Le Mans; s.-pr.* : Mamers, Saint-Calais, La Flèche.

Le Mans (69.000 hab.), toiles, produits agricoles, poulardes renommées ; *La Flèche,* école militaire.

Mayenne, ch.-l. *Laval; s.-pr.* : Mayenne, Château-Gontier.

Laval et *Mayenne,* fabriques de toile.

Anjou (réuni sous Louis XI, en 1480). cap. ANGERS (1 dép.).

Maine-et-Loire, ch.-l. *Angers; s.-pr.* : Segré, Baugé, Saumur, Cholet.

Angers (83.000 hab.), fabriques de toiles à voiles; fleurs, fruits et primeurs; possède les plus grandes ardoisières de France; *Cholet,* toiles de lin très fines; *Saumur,* école milit.

IV. RÉGION DE L'OUEST. — De la Loire à la Garonne s'étend la région où se fait, entre le Nord et le Midi, la transition naturelle des climats et des races. Ce passage a été de tout temps le théâtre de nombreux combats.

Elle est accidentée (Gâtine, Bocage vendéen) et essentiellement agricole. Sur les terrains crayeux des Charentes, dits terres de Champagne, se trouvent les vignobles qui produisent les célèbres eaux-de-vie de Cognac.

Le Poitou élève des mules et des mulets très appréciés.

Poitou (réuni sous Charles V, en 1369), cap. POITIERS (3 dép.).

Vienne, ch.-l. *Poitiers; s.-pr.* : Loudun, Châtellerault, Montmorillon, Civray.

Poitiers (41.000 hab.), sur le Clain, belles églises; *Châtellerault,* manufacture d'armes et coutellerie.

Deux-Sèvres, ch.-l. *Niort; s.-pr.* : Bressuire, Parthenay, Melle.

Niort, sur la Sèvre Niortaise, fabr. de gants, commerce de blé; *Saint-Maixent,* école de sous-officiers; mulets et chevaux.

Vendée, ch.-l. *La Roche-sur-Yon; s.-pr.* : Les Sables-d'Olonne, Fontenay-le-Comte.

Les Sables-d'Olonne, belle plage.

Aunis et Saintonge (réunis sous Charles V, en 1371 et 1372), cap. LA ROCHELLE et SAINTES (1 dép.).

Charente-Inférieure, ch.-l. *La Rochelle; s.-pr.* : Rochefort, Saint-Jean-d'Angély, Marennes, Saintes, Jonzac.

La Rochelle (36.000 hab.), ville ancienne, port de commerce : *Rochefort* (35.000 hab.), port militaire sur la Charente, à 15 kilomètres de la mer; *Marennes* élève les meilleures huîtres; *Saintes,* eaux-de-vie; *Royan,* station balnéaire.

Angoumois (r. sous François Ier, en 1515). cap. ANGOULÊME (1 dép.).

Charente, ch.-l. *Angoulême; s.-pr.* : Ruffec, Confolens, Cognac. Barbezieux.

Angoulême (38.000 hab.), sur la Charente, grandes fabriques de papier; *Cognac,* eaux-de-vie; *Ruelle,* fonderie de canons.

V. RÉGION DU CENTRE. — L'Orléanais, traversé par la Loire, est couvert de plaines d'aspects bien différents. Au nord du fleuve, la *Beauce,* plate et riche, est un immense et monotone champ de blé; au nord-est, le *Gâtinais,* pays boisé et humide, est peu fertile; au sud, la *Sologne,* pays de landes et d'étangs, se transforme peu à peu, grâce aux travaux d'assainissement, aux amendements et aux plantations. Le long du fleuve, la belle Touraine

RÉGION DU SUD-OUEST, DU MASSIF CENTRAL ET DU SUD. — (*Exercice cartographique.*)

a de riches campagnes, des villes populeuses et de magnifiques châteaux. On y parle, dit-on, le meilleur français. — Le Berry produit des céréales, élève de grands troupeaux de moutons et fournit du minerai de fer.

Orléanais (réuni sous Louis XII, en 1498), cap. ORLÉANS (3 dép.).

Loiret, ch.-l. *Orléans;* s.-pr. : Pithiviers, Montargis, Gien.

Orléans (72.000 hab.), sur la Loire, ville commerçante ; fabriques de lainages, vinaigreries, pépinières, siège par les Anglais en 1429; *Pithiviers*, pâtés d'alouettes; *Gien*, faïences; *Coulmiers* et *Beaune-la-Rolande*, batailles en 1870.

Loir-et-Cher, ch.-l. *Blois;* s.-pr. : Vendôme et Romorantin.

Blois, sur la Loire, château célèbre; *Chambord*, magnifique château Renaissance.

Eure-et-Loir, ch.-l. *Chartres:* s.-pr. : Dreux, Nogent-le-Rotrou, Châteaudun.

Chartres, sur l'Eure, magnifique cathédrale, commerce de grains; *Châteaudun*, belle résistance aux Allemands en 1870.

Touraine (r. sous Philippe-Auguste, en 1204), cap. TOURS (1 dép.).

Indre-et-Loire, ch.-l. *Tours;* s.-pr. : Chinon, Loches.

Tours (73.000 hab.), au milieu du « jardin de la France », châteaux dans les environs : *Chinon, Amboise, Chenonceaux*.

Berry (réuni sous Philippe I⁰⁷, en 1100), cap. BOURGES (2 dép.).

Cher, ch.-l. *Bourges;* s.-pr. : Sancerre, Saint-Amand.

Bourges (45.000 hab.), cathédrale, fonderie de canons, *Vierzon*, forges et poteries.

Indre, ch.-l. *Châteauroux;* s.-pr. : Issoudun, Le Blanc, La Châtre.

Châteauroux, Issoudun, Le Blanc, fabriques de gros draps.

Bourbonnais (r. sous François I⁰⁷, en 1532), cap. MOULINS (1 dép.).

Allier, ch.-l. *Moulins;* s.-pr. : Montluçon, La Palisse, Gannat.

Moulins, marché agricole; *Montluçon*, forges, fabriques de glaces et de produits chimiques; *Commentry*, houille, forges et fonderies; *Vichy*, eaux minérales renommées.

Nivernais (réuni sous Louis XIV, en 1669), cap. NEVERS (1 dép.).

Nièvre, ch.-l. *Nevers;* s.-pr. : Clamecy, Cosne, Château-Chinon.

Nevers, au confluent de la Nièvre et de la Loire, faïences et porcelaines; *Decize,* houille et forges; *Fourchambault,* métallurgie ; *Château-Chinon* et *Clamecy,* bois du Morvan.

VI. RÉGION DU SUD-OUEST. — Cette région s'étend
du massif central aux Pyrénées et à l'Océan. Les plaines de la Guyenne, terres d'alluvions apportées par la Garonne et ses affluents, sont très fécondes : vignobles, fruits, primeurs, etc. La plaine sablonneuse des Landes, couverte de pins dont on retire la résine, de chênes-lièges et de bruyères, ne commence à être fertile que sur la rive gauche de l'Adour. La région pyrénéenne, avec ses hautes cimes, ses vallées bien ombragées et ses gaves, offre des sites admirables. De nombreuses sources d'eaux thermales attirent les étrangers. On y exploite des carrières de marbre ; on y élève des mulets et des chevaux estimés.

Les Basques, cantonnés au pied des Pyrénées, ont gardé leur vieille langue ibérique ou plutôt euskarienne.

Guyenne (réunie sous Charles VII, en 1453), cap. BORDEAUX (6 dép.).

Gironde, ch.-l. *Bordeaux;* s.-pr. : Lesparre, Blaye, Libourne, La Réole, Bazas.

Bordeaux (262.000 hab.), très belle ville, port sur la Garonne, exporte ses vins renommés dans le monde entier; *Libourne,* sur la Dordogne, vins; *Arcachon,* huîtres et station balnéaire.

Dordogne, ch.-l. *Périgueux;* s.-pr. : Nontron, Ribérac, Sarlat, Bergerac.

Périgueux (33.000 hab.), sur l'Isle, commerce de truffes.

Lot-et-Garonne, ch.-l. *Agen;* s.-pr. : Marmande, Villeneuve-sur-Lot, Nérac.

Agen, sur la Garonne, commerce de pruneaux; *Tonneins,* manufacture de tabac; *Nérac,* pâtés renommés.

Lot, ch.-l. *Cahors.* s.-pr. : Gourdon, Figeac.

Cahors, commerce de vins, patrie de Gambetta.

Tarn-et-Garonne, ch.-l. *Montauban;* s.-pr.: Moissac, Castelsarrasin.

Montauban (30.000 hab.), sur le Tarn, commerce de raisins de table; *Moissac,* grains et farines.

Aveyron, ch.-l. *Rodez;* s.-pr. : Espalion, Villefranche-de-Rouergue, Millau, Saint-Affrique.

Millau, tanneries et ganteries, draps; *Aubin* et *Decazeville,* bassin houiller, grandes usines; *Roquefort,* fromages.

Gascogne (réunie partie sous Charles VII en 1453, partie sous Henri IV, en 1589), cap. AUCH (3 dép.).

Landes, ch.-l. *Mont-de-Marsan;* s.-pr. : Saint-Sever, Dax.

Dax, eaux thermales.

Gers, ch.-l. *Auch;* s.-pr. : Condom, Lectoure, Mirande, Lombez.

Condom, eaux-de-vie d'Armagnac.

Hautes-Pyrénées, ch.-l. *Tarbes;* s.-pr. : Bagnères-de-Bigorre. Argelès.

Tarbes, chevaux; *Barèges, Cauterets,* eaux thermales.

Béarn (réuni sous Henri IV, en 1589), cap. PAU (1 dép.).

Basses-Pyrénées, ch.-l. *Pau;* s.-pr. : Bayonne, Orthez, Mauléon, Oloron.

Pau (37.000 hab.), séjour d'hiver, a vu naître Henri IV dans son vieux château; *Bayonne,* place forte sur l'Adour; *Biarritz,* célèbre station balnéaire; *Salies-de-Béarn,* bains salins.

VII. RÉGION DU MASSIF CENTRAL. — Le Massif
central, formé des monts d'Auvergne, du Limousin et de la Marche, est le faîte du toit d'où descendent de nombreux cours d'eau. Ce plateau, au sol de terre ou de granit, au climat dur et trop froid pour la culture, forme un immense pâturage. Sur ses flancs croissent le châtaignier, le sarrasin, le seigle et la pomme de terre. Les habitants, qui ont peine à vivre dans ces contrées pauvres, émigrent vers les grandes villes.

Au nord-est des monts d'Auvergne, la plaine de l'Allier, connue sous le nom de Limagne, est couverte d'une riche végétation : prairies, champs de blé, arbres fruitiers.

Auvergne (r. s. Louis XIII, en 1610), cap. CLERMONT-FERRAND (2 dép.).

Puy-de-Dôme, ch.-l. *Clermont-Ferrand;* s.-pr. : Riom, Thiers, Ambert, Issoire.

Clermont-Ferrand (65.000 hab.), ancienne ville, s'élève

dans la Limagne : pâtes alimentaires, fruits confits; *Thiers,* coutellerie; *Ambert,* fabriques de toiles et de papier; *Pontgibaud,* mines de plomb.

Cantal, ch.-l. *Aurillac;* s.-pr. : Mauriac, Murat, Saint-Flour.

Aurillac, chaudronnerie: *Mauriac,* marché de bêtes à cornes, de mulets, de chevaux; *Murat,* fromages; *Salers,* élevage d'une belle race de bœufs.

Marche (réuni sous François 1er, en 1822), cap. GUÉRET (1 dép.).

Creuse, ch.-l. *Guéret;* s.-pr. : Boussac, Aubusson, Bourganeuf.

Aubusson, célèbre fabrique tapis.

Limousin (réuni sous Henri IV, en 1589), cap. LIMOGES (2 dép.).

Haute-Vienne, ch.-l. *Limoges;* s.-pr. : Bellac, Rochechouart, Saint-Yrieix.

Limoges (92.000 hab.), sur la Vienne, importantes fabriques de porcelaine; *Saint-Yrieix,* exploitation de kaolin; *Saint-Léonard,* papeteries, porcelaine.

Corrèze, ch.-l. *Tulle;* s.-pr. : Ussel, Brive.

Tulle, coutellerie et manufacture d'armes.

VIII. RÉGION DU SUD. — Cette région s'étend sur les
deux versants des Cévennes et se prolonge, au delà du col de Naurouze, jusqu'aux Pyrénées. La plaine de Toulouse est sèche mais fertile : maïs, blé. Le bas Languedoc borde la Méditerranée; il est riche en vignobles et en fruits; on y cultive l'olivier, le mûrier et l'amandier. Les Cévennes ont des pâturages et des châtaigneraies. A l'ouest, sur les plateaux calcaires nommés *causses,* paissent de petits moutons dont la chair est très estimée.

Les vallées qui s'ouvrent dans les Pyrénées sont parmi les plus pittoresques et les plus chaudes de France.

Languedoc (r. sous Philippe III, en 1271), cap. TOULOUSE (8 dép.).

Haute-Garonne, ch.-l. *Toulouse;* s.-pr. : Muret, Villefranche-de-Lauraguais, Saint-Gaudens.

Toulouse (130.000 hab.), sur la Garonne, grand marché agricole, minoterie importante du moulin de Bazacle; *Bagnères-de-Luchon,* eaux minérales.

Tarn, ch.-l. *Albi;* s.-pr. : Gaillac, Lavaur, Castres.

Albi a de curieux monuments ; *Castres* et *Mazamet,* fabriques de drap; *Carmaux,* verreries, mines de houille.

Aude, ch.-l. *Carcassonne;* s.-pr. : Castelnaudary, Narbonne, Limoux.

Carcassonne (30.000 hab.), fortifications du moyen âge; *Narbonne,* vins, eau-de-vie et miel; *Castelnaudary,* fabriques de drap grossier.

Hérault, ch.-l. *Montpellier;* s.-pr. : Lodève, Saint-Pons, Béziers.

Montpellier (80.000 hab.), vins; *Béziers* (51.000 hab.), vins et eaux-de-vie; *Lodève, Saint-Pons,* fabriques de draps communs; *Cette* (33.000 hab.), port pour les vins; *Agde,* port sur l'Hérault; *Lunel* et *Frontignan,* vins muscats renommés.

Gard, ch.-l. *Nîmes;* s.-pr. : Alais, Uzès, Le Vigan.

Nîmes (80.000 hab.), fabriques de tapis et de châles, commerce de vins, nombreux monuments romains : Maison carrée et Arènes; *Alais,* ville industrielle, mines de houille ; *Le Vigan,* fabriques de drap et de bonnets de soie ; *Aiguesmortes,* ancienne cité bâtie par saint Louis; *Bessèges* et *La Grand'-Combe,* houillères, hauts fourneaux, verreries.

Ardèche, ch.-l. *Privas;* s.-pr. : Tournon, Largentière.

Privas, fabriques de soie et de draps; *Tournon,* soie et vins de la côte du Rhône; *Annonay,* gants de chevreau, fabr. de papier; *Viviers,* évêché, exploitation de chaux hydraulique.

Lozère, ch.-l. *Mende;* s.-pr. : Marvejols, Florac.

Mende, étoffes de laine.

Haute-Loire, ch.-l. *Le Puy;* s.-pr. : Brioude, Yssingeaux.

Le Puy, curiosités naturelles et historiques, confection de dentelles; *Yssingeaux,* rubans et taffetas.

Comté de Foix (réuni sous Henri IV en 1589), cap. FOIX (1 dép.).

Ariège, ch.-l. *Foix;* s.-pr. : Pamiers, Saint-Girons.

Pamiers, forges; *Saint-Girons,* forges, scieries de marbre, commerce avec l'Espagne.

La petite république d'*Andorre* (8.000 hab.) est placée sous la protection de la France et celle de l'évêque d'Urgel en Espagne.

Roussillon (r. sous Louis XIV, en 1652), cap. PERPIGNAN (1 dép.).

Pyrénées-Orientales, ch.-l. *Perpignan;* s.-pr. : Prades, Céret.

Perpignan, place forte sur le Têt, commerce de vins; *Port-Vendres,* port marchand; *Banyuls,* vins de liqueurs.

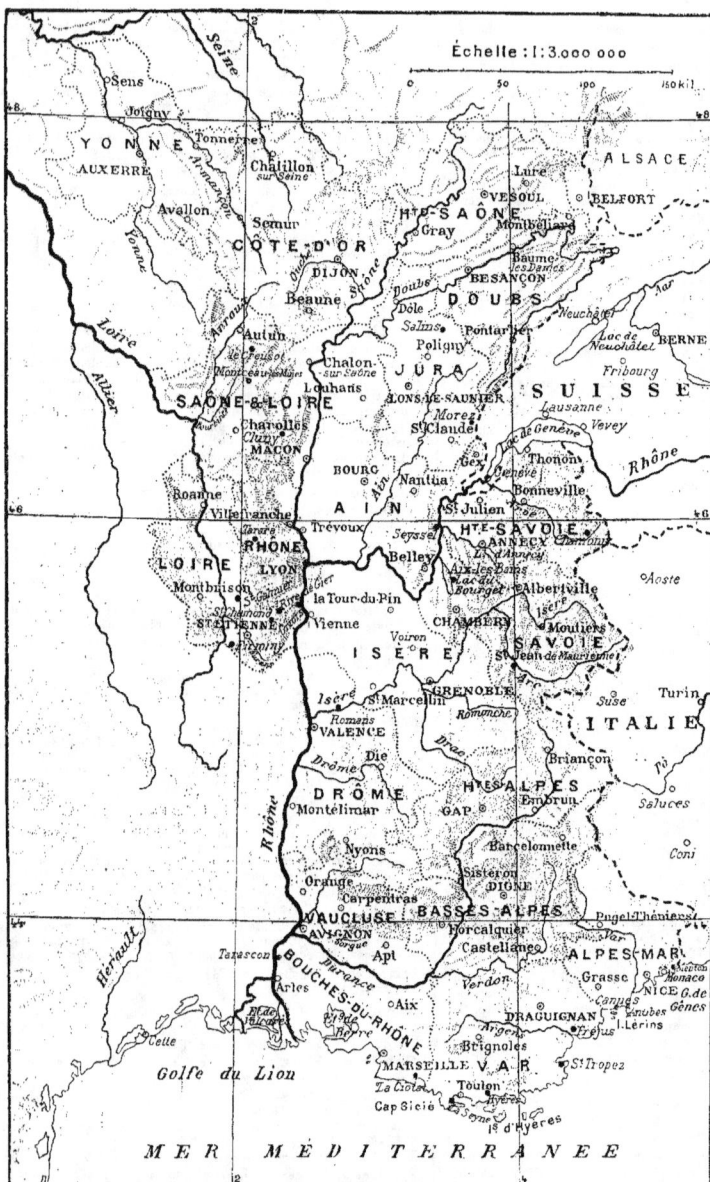

RÉGION DE L'EST ET DU SUD-EST. (*Exercice cartographique.*)

DEVOIRS. — 1. Quels sont les départements baignés par la mer du Nord? ceux baignés par la Manche? par l'océan Atlantique?

2. Dites les départements frontières au nord-est et nommez les pays auxquels ils confinent?

3. Dites les départements qui touchent aux Pyrénées (aller de l'ouest vers l'est).

4. Nommez les départements qui sont sur le méridien de Paris (aller du nord au sud).

5. Quel département s'avance le plus à l'ouest? le plus au sud?

6. Parmi les départements formés par la Bretagne, quels sont ceux baignés par l'Océan? ceux baignés par la Manche? ceux baignés à la fois par la Manche et l'Océan?

7. Dites les départements qui formait l'Alsace et nommez les principales villes de cette ancienne province.

8. Quels sont les départements qui confinent a celui de la Mayenne. Aller de l'est à l'ouest en passant par le nord.

9. Indiquez les villes qui s'élèvent sur la rive droite de la Seine; celles sur la rive gauche.

10. Nommez les villes situées sur la rive droite de la Loire; sur la rive gauche.

11. Sur quels cours d'eau sont situées les villes de : Rennes? Caen? Laval? La Flèche? Vendôme? Châteaudun? Chartres? Dreux? Angoulême? Poitiers?

12. Dites les villes situées sur la rive droite de la Garonne; celles situées sur la rive gauche.

13. Nommer les principales villes situées sur la Manche; sur l'Océan Atlantique.

14. Citez les ports militaires sur l'Océan; sur la Manche; le plus grand port de commerce sur la Manche.

15. Dites les villes situées aux confluents : de l'Aisne et de l'Oise; de l'Yonne et de la Seine; de l'Ille et de la Vilaine; de la Sèvre Nantaise et de la Loire; de la Nièvre et de la Loire; de l'Isle et de la Dordogne; de la Saône et du Rhône.

16. Dites les villes situées sur la frontière belge; la ville la plus septentrionale de la France; la plus méridionale.

17. Que fabrique-t-on à Rouen? à Reims, à Amiens, à Angers, à Limoges?

18. En quoi consiste le commerce de Lille? du Havre? de Bordeaux?

19. Quelle est la population de Paris? de Nantes? de Toulouse?

20. Etudiez chaque département en indiquant : 1° ses bornes, 2° les départements auxquels il confine, 3° les hauteurs qui le traversent; 4° les cours d'eau qui l'arrosent; 5° les villes sur les cours d'eau; 6° les autres villes; 6° ses principales productions; 7° son industrie et son commerce.

EXERCICES CARTOGRAPHIQUES. — Reproduisez les cartes des régions: 1° en donnant la limite des départements avec les cours d'eau et les villes arrosées par ces cours d'eau ; — 2° en indiquant les chefs-lieux et les sous-préfectures de chaque département.

IX. RÉGION DU SUD-EST. — Cette région comprend deux parties bien distinctes : 1° la région alpestre, montagneuse, pauvre et pittoresque ; 2° la vallée du Rhône et les rivages de la Méditerranée, riants et fertiles.

Dans les Alpes, au climat glacial, les champs de culture sont rares ; la population se livre à l'élève du bétail et à la fabrication des fromages, principalement en Savoie. La partie sud des Alpes, déboisée et dénudée, ne peut plus en certains endroits nourrir ses habitants. Dans la riche et belle vallée du Rhône, on cultive la vigne, l'olivier, le mûrier, les arbres à fruits et les primeurs. Le littoral méditerranéen semble appartenir à la côte africaine par le climat et la végétation.

Un vent du nord-ouest, qui descend des Cévennes, souffle dans la vallée du Rhône avec une violence extrême ; c'est le mistral (le maître), véritable ouragan.

Savoie (réunie sous Napoléon III, en 1860), cap. CHAMBÉRY (2 dép.).
Haute-Savoie, ch.-l. *Annecy* ; s.-pr. : Thonon, Bonneville, Saint-Julien.
Annecy, sur le lac du même nom, tanneries et papeteries ; *Évian*, eaux minérales, beaux ombrages ; *Chamonix*, village au pied du mont Blanc.
Savoie, ch.-l. *Chambéry* ; s.-pr. : Albertville, Moûtiers, Saint-Jean-de-Maurienne.
Chambéry, visité pour les beaux sites de ses environs ; *Albertville*, place forte ; *Moûtiers*, sur l'Isère, sources salines ; *Aix-les-Bains*, eaux minérales renommées.

Dauphiné (réuni sous Philippe VI, en 1349), cap. GRENOBLE (3 dép.).
Isère, ch.-l. *Grenoble* ; s.-pr. : La Tour-du-Pin, Vienne, Saint-Marcellin.
Grenoble (77.000 hab.), place forte, sur l'Isère, ganteries et mégisseries ; *Vienne* et ses environs, fabriques de draps ; *Saint-Marcellin*, célèbre par ses fromages ; *Voiron*, aciéries, papeteries, fabriques de toiles.
Drôme, ch.-l. *Valence* ; s.-pr. : Die, Montélimar, Nyons.
Valence, fabriques d'étoffes ; *Montélimar* et *Romans*, produits agricoles et commerce de soie.
Hautes-Alpes, ch.-l. *Gap* ; s.-pr. : Briançon, Embrun.
Gap, carrières de marbre blanc ; *Briançon*, place forte, ville de France la plus élevée (1.320 mètres d'altitude).

Comtat-Venaissin (réuni en 1791), cap. AVIGNON (1 dép.).
Vaucluse, ch.-l. *Avignon* ; s.-pr. : Orange, Carpentras, Apt.
Avignon (49.000 hab.), sur le Rhône, ancienne résidence des papes (1309-1376), beau château, soieries et machines agricoles ; *Orange*, monuments romains.

Provence (réunie sous Louis XI, en 1481), cap. AIX (3 dép.).
Bouches-du-Rhône, ch.-l. *Marseille* ; s.-pr. : Arles, Aix.
Marseille (550.000 hab.), notre premier port de commerce, en relations avec les pays baignés par la Méditerranée, l'Inde et l'extrême Orient, minoteries, fabriques d'huile et de savon ; *La Ciotat*, construction de machines à vapeur pour les paquebots ; *Aix*, ancienne capitale de la Provence, commerce d'huile d'olive ; *Arles*, monuments romains.
Var, ch.-l. *Draguignan* ; s.-pr. : Brignoles, Toulon.
Toulon (105.000 hab.), grand port de guerre ; *La Seyne*, constructions navales ; *Hyères*, station d'hiver.
Basses-Alpes, ch.-l. *Digne* ; s.-pr. : Barcelonnette, Sisteron, Forcalquier, Castellane.
Digne, culture d'arbres fruitiers.

Comté de Nice (réuni sous Napoléon III, en 1860), cap. NICE (1 dép.).
Alpes-Maritimes, ch.-l. *Nice* ; s.-pr. : Puget-Théniers, Grasse.
Nice (143.000 hab.), station d'hiver très fréquentée, sur la côte d'azur ; *Cannes*, *Menton*, *Antibes*, villes connues par la douceur de leur climat ; *Grasse*, huiles et essences de parfums.
(Les Alpes-Maritimes englobent la *principauté de Monaco*.)
Monaco, sur un rocher pittoresque, est une station d'hiver et une ville de jeu.
La *Corse*, à 160 kilomètres des côtes de France, est une île monta-

gneuse et boisée. L'intérieur est couvert de fourrés épais et sauvages appelés *maquis*. La Corse est peu cultivée et n'a pas encore d'industrie. Elle fut réunie à la France sous Louis XV en 1768.
Corse, ch.-l. *Ajaccio* ; s.-pr. : Bastia, Calvi, Corte, Sartène.
Ajaccio, place forte et port de mer, patrie de Napoléon Ier ; *Bastia*, port et place forte.

X. RÉGION DE L'EST. — La Bourgogne, la Franche-Comté et le Lyonnais, arrosés par la Saône et ses affluents, présentent une certaine unité, bien que très différents d'aspect. Les chaînes parallèles du Jura sont couvertes de forêts, de pâturages, de moulins et d'usines. Les habitants s'occupent principalement de l'élevage des bestiaux, de la fabrication des fromages de gruyère, et, dans les hautes vallées, d'articles d'horlogerie. Le sol fertile de la vallée de la Saône est favorable à la culture de la vigne et des céréales. Sur la rive droite de la Saône, l'industrie a pris un grand développement, grâce au bassin houiller du Creusot et, plus au sud, aux mines de Saint-Étienne. Les coteaux de Bourgogne donnent un vin renommé, « aussi précieux que l'or ».

Les vins du Morvan sont expédiés à Paris par voie de flottage.

Bourgogne (réunie sous Louis XI, en 1477), cap. DIJON (4 dép.).
Yonne, ch.-l. *Auxerre* ; s.-pr. : Sens, Joigny, Tonnerre, Avallon.
Auxerre, sur l'Yonne, vins estimés (chablis) ; marché de charbon de bois pour l'approvisionnement de Paris ; *Sens*, briques, tuiles et carreaux dits « de Bourgogne ».
Côte-d'Or, ch.-l. *Dijon* ; s.-pr. : Châtillon-sur-Seine, Semur, Beaune.
Dijon (76.000 hab.), camp retranché, vins de Bourgogne, marché de céréales, commerce de moutarde, de pain d'épices et de confitures ; *Beaune*, vins renommés (pomard, volnay, nuits).
Saône-et-Loire, ch.-l. *Mâcon* ; s.-pr. : Autun, Chalon-sur-Saône, Louhans, Charolles.
Mâcon, grand commerce de vins ; *Le Creusot* (35.000 hab.) est le plus grand établissement métallurgique de France, constructions de machines et de matériel pour l'industrie, les chemins de fer, la marine et l'armée ; *Charolles*, bœufs du Charolais ; *Autun*, antiquités romaines, patrie de Niepce ; *Cluny*, abbaye célèbre ; *Louhans*, volailles renommées dites « poulardes de la Bresse » ; *Chalon*, céréales et vins.
Ain, ch.-l. *Bourg* ; s.-pr. : Gex, Nantua, Trévoux, Belley.
Bourg, marché agricole et volailles.

Franche-Comté (r. s. Louis XIV, en 1678), cap. BESANÇON (3 dép.).
Doubs, ch.-l. *Besançon* ; s.-pr. : Montbéliard, Baume-les-Dames, Pontarlier.
Besançon (58.000 hab.), sur le Doubs, patrie de Victor Hugo, grande place de guerre, importantes fabriques d'horlogerie ; *Montbéliard*, sur le Doubs, horlogerie ; *Pontarlier*, commerce de transit avec la Suisse.
Haute-Saône, ch.-l. *Vesoul* ; s.-pr. : Lure et Gray.
Gray, commerce de grains et de fers.
Jura, ch.-l. *Lons-le-Saunier* ; s.-pr. : Dôle, Poligny, Saint-Claude.
Lons-le-Saunier, sel gemme ; *Dôle*, scieries ; *Morez*, école d'horlogerie ; *Salins*, puits à chaux, sel gemme, bois de sapin.

Lyonnais (réuni sous Philippe le Bel, en 1312), cap. LYON (2 dép.).
Rhône, ch.-l. *Lyon* ; s.-pr. : Villefranche-sur-Saône.
Lyon (524.000 hab.), ancienne métropole de la Gaule, au confluent du Rhône et de la Saône, sur la grande voie fluviale qui conduit à la Méditerranée ; construction de machines, produits chimiques, mais surtout industrie de la soie.
Loire, ch.-l. *Saint-Étienne* ; s.-pr. : Roanne, Montbrison.
Saint-Étienne (149.000 hab.), sur le Furens, centre houiller, fabriques d'armes et de rubans de soie ; *Roanne* (36.000 hab.), sur la Loire, tissages de laine et de coton ; *Saint-Chamond*, fabrique de lacets, aciéries ; *Rive-de-Gier*, industrie du fer ; *Saint-Galmier*, eaux minérales ; *Firminy*, houille, métallurgie.

DEVOIRS. — 1. Quels sont les départements baignés par la Méditerranée (aller de l'ouest à l'est)? — 2. Nommez les départements qui touchent à l'Italie, — à la Suisse? — 3. Indiquer les départements qui touchent aux Cévennes (aller du nord au sud)? — 4. Dites les départements arrosés par la Saône, par le Doubs? — 5. Quels sont les départements limités par le Rhône : 1° ceux de la rive droite ; 2° ceux de la rive gauche? — 6. Dites les départements arrosés par l'Isère, par la Durance? — 7. Quels sont les départements compris entre la Saône et le Jura? — 8. Nommez les départements qui confine au lac de Genève. — 9. Pourquoi les départements suivants sont-ils ainsi appelés : Alpes-Maritimes, Basses-Alpes, Haute-Savoie, Drôme, Bouches-du-Rhône.
Gard, Pyrénées-Orientales? — 10. Le Var arrose-t-il encore le département qui porte son nom? — 11. Citez les départements du Languedoc qui sont limités par le Rhône, — ceux du littoral de la Méditerranée? — 12. Où est située Arles? — 13. Quelle est l'altitude de Briançon? — 14. Quels sont deux grands ports de commerce sur la Méditerranée? — 15. Quelles sont les rivières s'élevant : Perpignan, Carcassonne, Alais, Die, Saint-Jean-de-Maurienne, Briançon, Dijon? — 16. Citez les villes du littoral de la Méditerranée recherchées comme stations d'hiver? — 17. Où est situé notre premier port de commerce, la seconde ville de France? — 18. Citez les principales villes de la Corse? Que savez-vous de la principauté de Monaco?

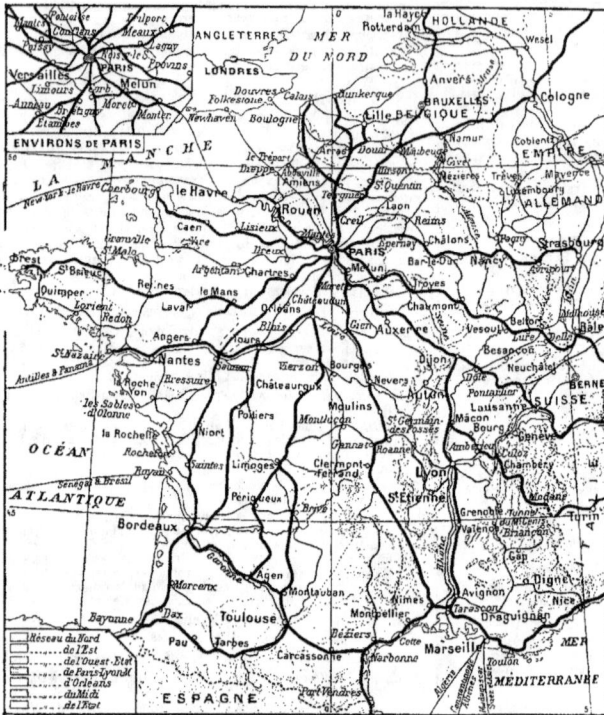

FRANCE. — Chemins de fer.

VOIES DE COMMUNICATION

1. Les différentes parties de la France sont reliées entre elles par des *routes*, des *chemins de fer*, des *cours d'eau* : *rivières, fleuves, canaux*. La mer, enfin, met notre pays en relations avec les autres contrées du globe.

Ces moyens de transport contribuent au développement du commerce et de l'industrie nationale.

2. **Routes.** — Les routes sont les voies de communication les plus ordinaires; elles se divisent en :

1º *Routes nationales*, entretenues par l'État; 2º *Routes départementales*, entretenues par les départements; 3º *Chemins vicinaux*, entretenus par les communes. Longueur du réseau français : 38.000 kilomètres.

3. **Chemins de fer.** — Le premier chemin de fer de France fut ouvert en 1832, entre Lyon et Saint-Étienne; c'est seulement en 1842 que l'on commença à tracer des lignes plus importantes. Aujourd'hui la longueur des chemins de fer français dépasse 50.000 kilomètres, tramways non compris.

Les chemins de fer sont les voies de communication les plus rapides; ils servent au transport des voyageurs et des marchandises et contribuent à assurer la défense du pays en permettant d'amener rapidement les armées aux frontières.

Nos chemins de fer forment dans leur ensemble un système bien coordonné dont le centre est Paris.

On les divise en *six réseaux* dont cinq appartiennent à des *compagnies* et sont désignés par la région qu'ils occupent : *Nord, Est, Paris-Lyon-Méditerranée, État, Orléans, Midi.*

Réseaux.	De Paris à :	En passant par :	Avec prolongement vers :
NORD...	1. Boulogne et Calais......	Creil, Amiens, Abbeville...........	l'Angleterre (par mer).
	2. Lille................	Creil, Arras, Douai..............	la Belgique, la Hollande.
	3. Maubeuge...........	Creil, Saint-Quentin............	la Belgique, l'Allemagne, la Russie.
EST....	1. Belfort.............	Troyes, Chaumont, Vesoul........	l'Alsace, la Suisse, l'Italie.
	2. Strasbourg.........	Epernay, Châlons, Bar-le-Duc, Nancy, Avricourt...	l'Alsace, l'Allemagne, l'Autriche, les Balkans.
	3. Givet.............	Epernay, Reims, Mézières........	la Belgique.
P.-L.-M.	1. Lyon-Marseille........	Melun, Dijon, Mâcon, Lyon, Valence, Avignon... De Dijon, un embranch¹ passant par Pontarlier pénètre en Suisse. De Marseille, une ligne se dirige vers l'Italie, passant par Nice.	l'Algérie (par mer).
	2. Cette.............	Melun, Nevers, Moulins, Clermont, Nîmes, Montpellier.	l'Espagne.
	3. Modane...........	Ligne de Lyon-Marseille jusqu'à Mâcon, Ambérieu, Culoz, Chambéry............	l'Italie (par le tunnel du mont Cenis).
ÉTAT...	1. Au Havre...........	Rouen...............	New-York (États-Unis) par mer.
	2. Cherbourg.........	Lisieux, Caen.	
	3. Granville.........	Dreux, Argentan, Vire.	
	4. Brest.............	Chartres, Le Mans, Laval, Rennes, Saint-Brieuc.	
	5. Bordeaux.........	Chartres, Saumur, Niort, Saintes.	
	6. De Nantes à Bordeaux	La Roche-sur-Yon, La Rochelle, Rochefort, Saintes.	
	7. De Tours aux Sables-d'Olonne.	La Roche-sur-Yon.	
ORLÉANS.	1. Bordeaux...........	Orléans, Tours, Poitiers........	l'Espagne, le Sénégal, le Brésil, par mer.
	2. Toulouse..........	Orléans, Châteauroux, Limoges, Montauban.	
	3. Nantes et Saint-Nazaire.	Châteaudun, Tours, Angers.	
MIDI...	1. De Bordeaux à Cette..	Agen, Montauban, Toulouse, Carcassonne, Narbonne, Béziers........	l'Espagne.
	2. De Bordeaux à Bayonne....	Dax...............	l'Espagne et le Portugal.

DEVOIRS. — 1. Comment les différentes parties de la France sont-elles reliées entre elles ? — 2. Comment se divisent les routes ? — 3. Parlez des chemins de fer. Par quelles villes passe un voyageur qui va de Paris à Mulhouse? De Paris à Nancy? De Paris à Genève? De Paris à Bordeaux? De Paris à Marseille? De Bordeaux à Cette? de Paris à Calais? De Besançon à Nice? De Poitiers à Brest? Par quelles grandes villes passe-t-on en se rendant par voie ferrée de Paris à Saint-Pétersbourg? De Paris à Moscou? De Paris à Constantinople? Où s'embarque-t-on pour se rendre à New-York? au Brésil? en Algérie? au Sénégal? en Tunisie? à Madagascar?

Navigation.

4. Canaux. — Les cours d'eau sont des voies de communication naturelles, « des chemins qui marchent »; mais ils ne sont pas toujours navigables, à cause de leur peu de profondeur ou de leur courant trop rapide.

Pour rendre un cours d'eau navigable, on est souvent obligé de le *canaliser*, c'est-à-dire de resserrer son lit pour le rendre plus profond, et de régulariser son cours par des *écluses*.

Lorsqu'un cours d'eau ne se prête pas à la canalisation, on creuse sur la rive un *canal latéral* (sur le côté), où sont amenées les eaux de la rivière.

On met aussi en communication deux cours d'eau ou deux bassins en les rattachant par des *canaux de jonction*. Ces canaux permettent aux bateaux de passer d'un fleuve à un autre, et d'aller ainsi du nord au sud de la France.

Les *cours d'eau* et les *canaux* rendent de très grands services au commerce et à l'industrie, car ils transportent les marchandises *à meilleur marché* que les chemins de fer.

Quand cela est nécessaire et possible, les canaux traversent les montagnes au moyen de *tunnels* et franchissent les vallées, les fleuves sur des *aqueducs*.

Presque tous nos canaux *appartiennent à l'État*.

Le réseau de nos voies navigables est de 13.500 kilomètres, dont 5.000 pour les canaux.

5. Canaux latéraux. — Les principaux canaux latéraux sont; le *canal latéral à la Loire* et le *canal latéral à la Garonne*.

6. Canaux de jonction. — La SEINE est reliée :

1° A la SOMME, par le *canal de la Somme*, et à l'ESCAUT par le *canal de Saint-Quentin*, qui rejoignent le *canal latéral à l'Oise* (affluent de la Seine). — 2° A la MER DU NORD, par les *canaux de Flandre*, qui se rattachent à l'ESCAUT. — 3° A la MEUSE, par le *canal de l'Oise à la Sambre*, et par le *canal des Ardennes* qui aboutit à l'AISNE (affluent de l'Oise). — 4° Au RHIN, par le *canal de la Marne au Rhin*. — 5° Au RHÔNE, par le *canal de Bourgogne*, qui unit l'YONNE (affluent de la Seine) à la SAÔNE (affluent du Rhône). — 6° A la LOIRE, par les *canaux du Loing, d'Orléans et de Briare*, et le *canal du Nivernais* qui joint l'Yonne au canal latéral à la Loire. — Il existe également un *canal de l'Aisne à la Marne*.

Le RHÔNE est relié :

1° Au RHIN, par le *canal du Rhône au Rhin*, qui s'amorce au DOUBS (affluent de la Saône). — 2° A la MEUSE, par le *canal de l'Est*, qui fait communiquer la SAÔNE avec la MOSELLE. — 3° A la LOIRE, par le *canal du Centre*, qui part du canal latéral à la Loire et aboutit à la SAÔNE. — 4° A la GARONNE, par le *canal du Rhône à Cette* et par le *canal du Midi* qui mettent en communication la Méditerranée et l'océan Atlantique. — Les *canaux du Berry* relient le CHER à la LOIRE. — Le *canal de Nantes à Brest* fait communiquer la LOIRE avec la VILAINE, le BLAVET et l'AULNE. — Le *canal d'Ille-et-Rance* met en relations Nantes et Saint-Malo. — La LOIRE et la GARONNE ne peuvent communiquer à cause du Massif central qui les sépare et rend difficile l'établissement d'un canal.

7. Navigation maritime. — Les mers qui baignent la France

FRANCE. — Canaux.

sont des voies de communication plus importantes que les cours d'eau et les canaux; elles facilitent les relations entre la France et les pays étrangers.

Les navires à voiles et à vapeur, destinés à transporter les voyageurs et les marchandises à travers les mers, forment la *marine marchande* ou *marine de commerce*.

La navigation maritime comprend : la *navigation côtière* ou *cabotage*, qui se fait surtout de port français à port français, et la *navigation au long cours*, qui se fait entre la France et les différents pays du globe.

8. Principaux ports. — Nos principaux ports de commerce sont :
Sur la mer du Nord et la Manche ; *Dunkerque, Calais, Boulogne, Dieppe, Le Havre, Honfleur, Rouen*.
Sur l'Atlantique : *Saint-Nazaire, Nantes, Bordeaux, Bayonne*.
Sur la Méditerranée : *Cette, Marseille, Nice*.
Marseille, Le Havre, Dunkerque, Bordeaux sont les plus importants.

9. Principales lignes de navigation. — Différentes compagnies, analogues aux compagnies de chemins de fer, ont des services réguliers de navigation au long cours; les principales sont : la *Compagnie générale transatlantique*, les *Messageries maritimes*, les *Chargeurs réunis*, etc. (Voir tableau, p. 56.)

DEVOIRS. — 4. Les cours d'eau sont-ils toujours navigables? Comment les y rend-on? Qu'est-ce qu'un canal latéral? Qu'est-ce qu'un canal de jonction? Quelle est la longueur de notre réseau de voies navigables? — 5. Quels sont les principaux canaux latéraux? — 6. Quelles rivières et quels canaux suit-on pour transporter des marchandises de Paris à Nantes? De Paris à Lille? De Nevers à Paris? De Bordeaux à Marseille? De Saint-Quentin à Lyon? De Melun à Dijon? D'Orléans à Paris? De Tours à Brest? De Paris à Calais? — 7. Parlez de la navigation maritime. — 8. Citez nos principaux ports de commerce. — 9. Nommez les trois principales lignes de navigation au long cours. — Quelle voie suit-on pour se rendre de Marseille à Tamatave? du Havre à New-York? de Saint-Nazaire à la Martinique?

GOUVERNEMENT ET ADMINISTRATION
Gouvernement.

1. Le gouvernement de la France est la *République*.

Le Président. — Le chef de l'État est un *Président*, nommé pour sept ans et rééligible. Il exerce le pouvoir exécutif avec le concours et sous la responsabilité des *ministres* qu'il choisit.

2. **Les Ministres.** — Il y a en France douze ministères : les ministères de l'*Intérieur*; de l'*Instruction publique et des Beaux-Arts*; de la *Justice*; des *Affaires étrangères*; de la *Guerre*; de la *Marine*; des *Travaux publics*; du *Commerce, de l'Industrie et des Postes et Télégraphes*; des *Colonies*; de l'*Agriculture*; des *Finances*; du *Travail et de la Prévoyance sociale*.

3. **Les Sénateurs et Députés.** — Le peuple français élit des *députés* et des *sénateurs*, qui exercent le pouvoir législatif et votent les impôts.

Les deux Chambres, réunies en *Assemblée nationale* ou *Congrès*, nomment le Président de la République.

4. **Le Département.** — Chaque département est administré par un *préfet*, assisté d'un *conseil général*.

5. **L'Arrondissement.** — Le département est partagé en *arrondissements*, administrés chacun par un *sous-préfet* aidé d'un *conseil d'arrondissement*. Il y a en France 362 *arrondissements*.

6. **Le Canton.** — L'arrondissement se subdivise en *cantons*. C'est au chef-lieu de canton que siège la justice de paix et que se tient le conseil de revision. Il y a en France 2.911 cantons.

7. **La Commune.** — Chaque canton se compose de plusieurs *communes*. La commune est administrée par un *maire*, assisté d'un *conseil municipal*. Il y a en France 36.222 communes.

Finances.

8. **Budget.** — On appelle *budget* de l'État le tableau annuel des dépenses et des recettes de l'État.

Le budget, préparé par le ministre des Finances, est discuté et voté chaque année par les deux Chambres.

9. **Impôt.** — Les ressources du budget se composent principalement des impôts et du produit des monopoles.

L'impôt est la somme que chaque citoyen doit annuellement payer à l'État. On distingue deux grandes classes d'impôts : les *impôts directs* et les *impôts indirects*.

Les recettes réalisées sont employées à couvrir les dépenses des grands services publics : armée, marine, magistrature, instruction publique, dette publique, etc.

La dette publique en France atteint 40 milliards; c'est la plus forte qui soit au monde.

Justice.

10. La *justice* est rendue par les *cours* et *tribunaux*.

11. **Justice de paix.** — Dans chaque canton réside un *juge de paix* qui a pour mission de *concilier* les citoyens et de juger les procès de petite importance.

12. **Tribunaux civils.** — Au chef-lieu d'arrondissement est un *tribunal civil* qui juge au *civil* et au *correctionnel*.

13. **Tribunaux de commerce.** — Dans les villes importantes il y a des *tribunaux de commerce* chargés de juger les contestations entre commerçants.

14. **Conseils des prud'hommes.** — Les conseils des *prud'hommes* jugent les contestations entre patrons et ouvriers. Les juges sont élus et, dans ce conseil, le nombre des patrons est égal au nombre des ouvriers.

15. **Cours d'appel.** — Si l'une des parties n'accepte pas le jugement du tribunal de première instance ou du tribunal de commerce, elle en appelle à une cour supérieure, la *cour d'appel*, qui rend une décision dite *arrêt*.

Il y a en France 26 *cours d'appel* qui ont leurs sièges à Paris,

Angers, Rennes, Caen, Rouen, Amiens, Douai, Nancy, Dijon, Besançon, Orléans, Bourges, Poitiers, Bordeaux, Limoges, Riom, Lyon, Chambéry, Grenoble, Nîmes, Aix, Montpellier, Toulouse, Agen, Pau, Bastia.

16. **Cours d'assises.** — Les *crimes* sont déférés aux *cours d'assises*. La cour d'assises se compose de trois juges et d'un *jury*, formé de douze jurés tirés au sort parmi les habitants du département.

17. **Cour de Cassation.** — La *cour de Cassation* ou cour suprême, qui siège à Paris, examine les jugements et les *casse* s'ils ne sont pas conformes à la loi.

18. **Tribunaux administratifs.** — Les affaires purement administratives sont jugées par des tribunaux spéciaux : le *conseil d'État*, la *cour des Comptes*, les conseils de *préfecture*, etc.

19. **Conseils de guerre.** — Les tribunaux chargés de juger les délits et crimes militaires portent le nom de *conseils de guerre*; ils sont composés d'officiers. Dans certains cas déterminés, les jugements des conseils de guerre peuvent être déférés en appel à un tribunal supérieur, dit *conseil de revision*.

Instruction publique.

20. **Universités.** — L'instruction publique comprend trois ordres d'enseignement : l'*enseignement primaire* qui se donne dans les écoles primaires; l'*enseignement secondaire* qui se donne dans les lycées et collèges; l'*enseignement supérieur* qui est donné dans les universités comprenant les facultés de droit, des lettres, des sciences, de médecine, etc.

En dehors de l'Université il existe de grandes écoles qui donnent l'enseignement supérieur : l'*École polytechnique* forme des officiers d'artillerie et du génie, ainsi que des ingénieurs pour le service de l'État; l'*École de Saint-Cyr*, des officiers d'infanterie et de cavalerie; l'*École navale*, des officiers de marine; l'*École centrale*, des ingénieurs civils.

Il faut encore citer, en dehors de l'Université : 1° les trois *écoles vétérinaires* d'Alfort (près Paris), de Lyon et de Toulouse; 2° les trois grandes *écoles d'agriculture* de Grignon (Seine-et-Oise), de Grand-Jouan (Seine-Inférieure), de Montpellier, auxquelles il faut joindre, dans certains départements, des *fermes-écoles* où l'enseignement élémentaire et pratique de l'agriculture.

Mentionnons enfin les deux écoles supérieures : l'*Institut agronomique* de Paris et l'*École forestière* de Nancy.

21. **Académies.** — La France est divisée, au point de vue de l'instruction publique, en 16 académies ayant chacune à sa tête un *recteur*, sous les ordres duquel sont placés un *inspecteur d'académie* par département et un *inspecteur primaire* par arrondissement. — Le ministre de l'Instruction publique est recteur de l'académie de Paris; il est assisté d'un vice-recteur.

Les grandes villes ont plusieurs inspecteurs primaires.

Les chefs-lieux académiques sont : Paris, Nancy, Lille, Caen, Rennes, Poitiers, Clermont-Ferrand, Lyon, Dijon, Besançon, Chambéry, Grenoble, Aix, Montpellier, Toulouse, Bordeaux.

22. **Institut.** — L'Institut est une compagnie de savants, de littérateurs et d'artistes, célèbres par l'importance de leurs travaux. L'Institut se divise en cinq Académies qui se recrutent elles-mêmes par voie d'élection : l'*Académie française*, l'*Académie des Sciences*, l'*Académie des Inscriptions et Belles-Lettres*, l'*Académie des Sciences morales et politiques*, l'*Académie des Beaux-Arts*.

Divisions ecclésiastiques.

23. L'État ne reconnaît et ne subventionne plus aucun culte (loi du 11 décembre 1905).

Le *catholicisme* est la religion de l'immense majorité des Français; les autres pratiquent le *protestantisme*, le *judaïsme*, etc.

24. **Diocèses.** — La France est divisée en 84 diocèses administrés par 17 *archevêques* et 67 *évêques* suffragants, c'est-à-dire dépendant de l'archevêque. Il y a en outre un archevêque à Alger et un autre à Carthage (Tunis).

DEVOIRS. — 1. Quel est le chef de notre gouvernement ? Comment exerce-t-il le pouvoir ? — 2. Combien y a-t-il de ministères et quels sont-ils ? — 3. Parlez des sénateurs et des députés. — 4. Comment est administré le département ? — 5, 6, 7. Qu'est-ce que l'arrondissement, le canton, la commune ? — 8, 9. Qu'est-ce que le budget ? Par qui est-il voté ? Qu'est ce que l'impôt ? — 10. Comment la justice est-elle rendue en France ? — 11 à 19. Quels sont les différents tribunaux ? Dites leurs attributions. — 20. Parlez de l'Université; des autres grandes écoles. — 21. Comment la France est-elle divisée au point de vue académique ? — 22 Qu'est-ce que l'Institut ? — 23. Quels sont les cultes reconnus par l'État ? Quelle est la religion de la majorité des Français ? — 24. En combien de diocèses est partagée la France ?

FRANCE. DIVISIONS MILITAIRES. — Le territoire français, y compris l'Algérie-Tunisie-Maroc, est divisé en *vingt régions militaires* occupées chacune par un corps d'armée. Le 19ᵉ corps occupe l'Algérie et la Tunisie.

DÉFENSES DE LA FRONTIÈRE NORD-EST

Armée.

25. Service militaire. — Tout Français ayant atteint l'âge de 19 ans résolus doit le service militaire pendant 28 années, soit :

3 ans dans l'armée active ;
11 ans dans la réserve de l'armée active ;
7 ans dans l'armée territoriale ;
7 ans dans la réserve de l'armée territoriale.

26. Armée de terre. — Le territoire français, y compris l'Algérie et la Tunisie, est partagé en 20 régions militaires occupées chacune par un corps d'armée. L'Algérie et la Tunisie ont un corps d'armée spécial : le 19ᵉ.

L'armée de terre comprend :

Infanterie : 173 régiments de ligne ; 31 bataillons de chasseurs à pied (dont 12 bataillons de chasseurs alpins) ; 12 régiments d'infanterie coloniale ; 4 régiments de zouaves ; 9 régiments de tirailleurs algériens ; 2 régiments de légion étrangère ; 3 compagnies des oasis sahariennes ; 6 bataillons d'infanterie légère d'Afrique.

Cavalerie : 91 régiments.

Artillerie : 78 régiments, dont 9 d'artillerie à pied.

Génie : 11 régiments et 6 bataillons. — *Trains des équipages militaires :* 20 escadrons.

Plus 20 sections d'*infirmiers* et environ 26.000 gendarmes.

En temps de paix, l'effectif des troupes françaises s'élève à 812.000 hommes. En temps de guerre, il serait porté à 4.000.000 d'hommes environ.

27. Armée de mer. — Pour le recrutement de la marine, les habitants du littoral qui se livrent à pêche sont classés ou inscrits sur les registres de l'*inscription maritime*. Depuis 18 ans jusqu'à 50 ans, les *inscrits* peuvent être requis pour le service de l'État.

L'armée de mer comprend environ 53.000 *marins* et 120.000 en temps de guerre.

Notre flotte compte 335 bâtiments de guerre : 41 cuirassés, 37 croiseurs, 226 torpilleurs, 38 sous-marins et 30 submersibles.

Les officiers de marine se forment à l'*École navale*, naguère établie en rade de Brest, à bord du vaisseau « le Borda ».

28. Défense des frontières. — La France a pour *défenses naturelles* : la mer du Nord, la Manche, l'océan Atlantique au nord et à l'ouest ; la chaîne des Pyrénées et la *Méditerranée*.

La chaîne des *Vosges*, dont les Allemands occupent le versant oriental, ne peut plus être considérée comme une défense naturelle suffisante.

La *région du Nord-Est*, comprise entre le Jura et Dunkerque, est la seule qui soit dépourvue de frontières naturelles.

Pour défendre cette région du Nord-Est on a construit des *camps retranchés* et de *nombreux forts* : 1° sur la frontière belge, sur les rives de la Meuse, de la Moselle et de la Meurthe ; 2° sur les hauteurs limitant les vallées qui conduisent à Paris ; 3° autour de Paris.

Les places fortes sont, de nos jours, considérées comme les points d'appui de l'offensive de l'armée. Le nombre en a été réduit afin de pouvoir rendre d'autant plus solides celles que l'on a conservées. Les principales sont :

Au Nord-Est : *Maubeuge ; Charlemont* et les *Ayvelles ; Montmédy* et *Longwy ; Verdun* et les forts des *hauts de Meuse ; Toul ; Épinal ;* les forts des *hauts de Moselle ; Belfort ; Montbéliard ; le Lomont.*

Au Sud-Est : *Grenoble, Briançon, Nice.*

Les forts existants autour de Paris, Laon, Reims, etc..., sont conservés comme casernes ; mais ils ne sont plus susceptibles de résister sérieusement à une attaque pourvue de moyens modernes.

29. Défense des côtes. — La défense des côtes est assurée : 1° par les cinq grands ports militaires ; 2° par une quantité de *forts* et de *batteries* établis sur différents points de la côte et dans les îles voisines du littoral ; 3° par les *navires de guerre* chargés de défendre nos ports et nos colonies.

DEVOIRS. — 25. Pendant combien de temps tout Français doit-il le service militaire ? — 26. Comment est divisée la France a : point de vue militaire ? Quel est l'effectif de notre armée en temps de paix ? Quel serait-il en temps de guerre ? Combien possédons-nous de régiments de ligne ? de régiments de cavalerie ? de régiments d'artillerie ? — 27. Parlez de l'armée de mer, de son recrutement, de sa composition. Combien notre flotte de guerre compte-t-elle de bâtiments ? Où se forment les officiers de marine ? — 28. Quelles sont les défenses naturelles de la France ? Nommez les places fortes de la France : 1° du côté de l'Allemagne ; 2° du côté de la Belgique ; 3° du côté de la Suisse et de l'Italie ; 4° du côté de l'Espagne. — 29. Par quel est assurée la défense des côtes ?

ANGLETERRE

BELGIQUE

FLANDRE
Houille Forges Laines,
Drap Betteraves Coton Lin
Chanvre, Chevaux Vaches,
Moutons Dentelles, Tabac,

ARTOIS &
PICARDIE
Betteraves Blé Lin Chanvre,
Colza Avoine Moutons Chevaux Houblon Forges
Cotonnades Dentelles, Velours

ILE - DE -
FRANCE
Articles de Paris
Vêtements Meubles
Chevaux Machines Blé Fromages
Librairie Bijoux
Puzzles Forêts

CHAMPAGNE
Vins Laines Drap
Coutellerie Fer Forges

LORRAINE
Lainages Drap Sel Fer
Forges Houblon Chevaux
Sources minérales Vins

VOSGES

NORMANDIE
Cidre Pommes Chevaux
Vaches, Bœufs, Moutons,
Beurre Cotonnades Prairies
Navires, Dentelles, Drap

MAINE
Chanvre Lin
Chevaux Lin, Dentelles
Bœufs

BRETAGNE
Vaches, Pommes, Cidre
Lin, Seigle, Orge, Avoine, Sel, Beurre, Volailles, Toiles
Chevaux, Prairies, Abeilles, Toiles
Navires, Granit

ORLEANAIS
Forêts Blé Vins

ANJOU
Ardoises
Angers Vins

POITOU
Bœufs Moutons Mulets
Anes, Chevaux, Vins, Armes,
Sel, Coutellerie

TOURAINE
Vins

BERRI
Prairies Moutons

NIVERNAIS
Forges

BOURGOGNE
Vins Houille Forges

FRANCHE-COMTÉ
Pâturages

AUNIS
Charente
Vins Eaux-de-vie

SAINTONGE
Huitres Moules

ANGOUMOIS
Vins Papier

MARCHE
Tapis

LIMOUSIN
Limoges
Châtaignes Chevaux
Ardoises porcelaines

LYONNAIS
Houille Forges
Armes Soie Vins

SAVOIE
Pâturages Seigle

BOURBONNAIS
Sources minérales Bœufs

PÉRIGORD
Porcs Truffes Tabac

AUVERGNE
Sources minérales Orge
Seigle, Coutellerie

DAUPHINÉ
Pâturages Orge
Seigle Papiers
Noix Tabac

GUYENNE
Bordelais
Vins
Vins, Blé Maïs, Pâturages
Landes Chevaux Anes Mulets Chèvre
Forêts Sources minérales Fer Canons
Chevaux Navires, Huitres, Toiles, Tabac

GASCOGNE
Armagnac
Vins Eaux-de-vie

LANGUEDOC
Vins Houille Oliviers
Mûriers, Lainages, Drap
Dentelles, Chèvres, Sel
Canons, Sources minér.

PROVENCE
Oranges
Citrons
Oliviers Mûriers Vins
Moutons, Seigle, Drap Tabac,
Orangers Figues Fleurs
Savons Huiles Navires

BÉARN
Sources minérales
Maïs Chevaux

COMTÉ
Marbre Fer
Forêts

ROUSSILLON
Vins Oliviers Mûriers
Sources minérales Sel

OCÉAN ATLANTIQUE

MANCHE

Golfe de Gascogne

ESPAGNE

MER MÉDITERRANÉE

Corse
Chevaux
Porcs
Chèvres
Tabac

Vignobles   Houille
Forêts   Fer
Echelle
0   50   100   200   300 K.

FRANCE ÉCONOMIQUE

Commerce extérieur de la France.

La France tient le quatrième rang parmi les grandes puissances commerçantes du monde ; elle vient après l'Angleterre, les États-Unis et l'Allemagne.

Les États avec lesquels notre pays fait le commerce le plus actif sont : la Grande-Bretagne, la Belgique, l'Allemagne, la Suisse, les États-Unis, l'Italie, l'Espagne. La valeur totale des produits importés et exportés par la France est d'environ 15 milliards de francs par an.

	Produits exportés 1913 de France en :	Produits importés 1913 en France de :
Grande-Bretagne	1.446 millions.	1.434 millions
Belgique	1.119 —	570
Allemagne	869	1.074
Algérie	552	330
États-Unis	490	870
Italie	306	238
Suisse	305	148

FRANCE ÉCONOMIQUE

Agriculture.

1. La situation avantageuse de la France dans la région tempérée et la fertilité naturelle de son sol en font un pays agricole par excellence.
L'agriculture est la principale source de notre richesse.

2. Céréales. — Le FROMENT ou BLÉ croît dans toutes nos plaines ; il réussit surtout dans les plaines du *Nord*, de la *Brie*, de la *Beauce*. — L'AVOINE est l'objet d'une production presque aussi considérable. — L'ORGE et le SEIGLE sont cultivés en *Bretagne*, sur le *plateau Central* et dans les *Alpes*. — Le MAÏS prospère dans le bassin de la *Garonne*.

3. Pommes de terre. — La POMME DE TERRE est cultivée partout, mais surtout dans l'*Est*.

4. Vigne. — La VIGNE est, après les céréales, une des grandes richesses agricoles de notre pays. Les principaux centres viticoles sont : le *Midi*, le *Bordelais*, les *Charentes*, la *Bourgogne*, la *Champagne* et la *Touraine*.

5. Plantes industrielles. — La BETTERAVE, qui sert à faire du sucre et de l'alcool, est cultivée dans les plaines du *Nord*. — Le LIN et le CHANVRE, avec lesquels on fabrique la toile, croissent surtout dans le *nord* et l'*ouest* de la France. — L'OLIVIER, qui donne la meilleure huile à manger, et le MÛRIER qui nourrit le ver à soie, prospèrent dans la région de la *Méditerranée*. — La production du COLZA s'est ralentie. — Le HOUBLON, qui entre dans la fabrication de la bière, est une production importante de l'*Est* et du *Nord-Est*. — La culture du TABAC n'est autorisée que dans quelques départements : *Nord*, *Vosges*, *Isère*, *Var*, *Lot-et-Garonne*, etc.

6. Prairies et pâturages. — Les meilleures PRAIRIES se trouvent dans la *Normandie*, la *Bretagne* et le *Berry*. — Les régions montagneuses des *Pyrénées*, du *Massif central*, des *Alpes*, du *Jura*, des *Vosges*, sont des PATURAGES.

7. Arbres fruitiers. — Notre pays produit presque toutes les variétés d'arbres fruitiers. — Le POMMIER prodigue ses fruits aux *pays baignés par la Manche* ; le cidre est la boisson des Normands. — Le CHATAIGNIER pousse sur les collines du *Limousin* et les montagnes des *Cévennes*.

8. Forêts. — Les FORÊTS couvrent surtout les pentes des montagnes ; certaines parties des *Alpes* et du *Massif central* ont été imprudemment déboisées. Il existe aussi quelques forêts de plaines : forêts d'*Orléans*, de *Fontainebleau*, de *Compiègne*, de *Rambouillet*, des *Landes*, etc.

9. Animaux domestiques. — On désigne sous le nom de GROS BÉTAIL les chevaux, les mulets, les bœufs. Les moutons, les porcs, les chèvres forment le MENU BÉTAIL.
Les principales races de CHEVAUX sont : les races *boulonnaise* (Boulogne), *percheronne*, *poitevine* et *comtoise* pour le camionnage ; les races *normande* et *bretonne* fournissent des chevaux de trait et de carrosse ; la *Lorraine*, le *Limousin*, les *Pyrénées*, les *Landes* donnent des chevaux de selle.
Les races de BŒUFS les plus estimées sont : pour la boucherie, les bœufs du *Charolais* (Saône-et-Loire) et les bœufs *normands* ; pour le labour, les races *vendéennes*, de *Salers* (Auvergne) et du *Midi*. — La *Bretagne*, la *Normandie*, la *Flandre* ont les meilleures VACHES laitières.
Dans quelques départements on élève le MOUTON mérinos à laine fine. La *Flandre*, l'*Artois*, la *Normandie* (prés salés), le *Berry*, le *Poitou* et la *Provence* donnent des races de boucherie.
Les *Pyrénées*, les *Cévennes*, la *Corse* nourrissent un grand nombre de CHÈVRES.
Le PORC est l'hôte habituel de toutes nos fermes.
La *Bresse* (Ain) et le *Maine* engraissent des volailles renommées.

Industrie.

10. Industrie extractive. — Le FER et la HOUILLE sont les deux matières les plus nécessaires à l'*industrie*.

HOUILLE. — Nos principaux bassins houillers sont situés dans le *Nord* et autour du *plateau Central*. Les plus importants sont ceux du Nord et du Pas-de-Calais (*Anzin* et *Lens*), — de *Saint-Étienne* (Loire), — du *Creusot* (Saône-et-Loire), — de *Commentry* (Allier), — d'*Alais* (Gard), — d'*Aubin* (Aveyron), — de *Carmaux* (Tarn).
La France n'extrait de ses mines que les deux tiers de la houille qu'elle consomme ; elle achète l'autre tiers à la Belgique, à l'Allemagne et à l'Angleterre.

FER. — Les départements de *Meurthe-et-Moselle* et de la *Haute-Marne* sont les plus riches en FER.

SEL. — On retire le SEL MARIN des *marais salants* de l'Océan (de la Loire à la Gironde) et de la Méditerranée.
Les *salines* de Lorraine (près de Nancy) et de Franche-Comté (Lons-le-Saunier) donnent le SEL GEMME.

11. Industrie métallurgique. — Le FER, la FONTE, l'ACIER, ainsi que les *machines*, se fabriquent principalement dans le voisinage des mines de houille et de fer.
Les usines les plus importantes sont celles de *Lille* (Nord), — du *Creusot* (Saône-et-Loire), — de *St Étienne* et *Rive-de-Gier* (Loire), de *Saint-Dizier* (Hte-Marne), — de *Fourchambault* (Nièvre).

12. Constructions navales. — Les principaux chantiers de constructions navales sont : à *Indret*, près de Nantes ; au *Havre* ; à *Bordeaux* ; à *La Ciotat*, près de Marseille, et à *La Seyne*, près de Toulon.

13. Fonderies de canons. — Des fonderies de canons sont installées à *Bourges*, *Ruelle* (Charente), *Tarbes*, *Toulouse*, *Le Creusot*.

14. Armes blanches et fusils. — On fabrique des armes blanches et des fusils à *Saint-Étienne*, *Châtellerault*, *Tulle*.

15. Coutellerie. — Les coutelleries renommées sont à *Châtellerault*, *Tulle*, *Langres*, *Thiers*.

16. Industries manufacturières. — Les principaux centres industriels sont :
Pour la LAINE : *Roubaix*, *Sedan*, *Elbeuf*, *Louviers*, *Reims* ; — pour la SOIE : *Lyon* et *Saint-Étienne* ; — pour le COTON : *Rouen*, *Lille*, *Amiens*, *Saint-Quentin* ; — pour le LIN : *Lille* ; — pour le CHANVRE : *Le Mans*.
On fabrique des DENTELLES à *Alençon*, *Caen*, *Bailleul* (Nord), *Calais*, *Saint-Quentin*, *Mirecourt* (Vosges), *Le Puy* ; — des TAPIS à *Paris* (les Gobelins), *Aubusson*, *Beauvais*, *Nîmes*.

17. Principales sources minérales. — Dans les PYRÉNÉES : *Eaux-Bonnes* (Basses-Pyrénées) ; *Cauterets* (Hautes-Pyrénées) ; *Bagnères-de-Luchon* (Haute-Garonne) ; *Ax* (Ariège) ; *Amélie-les-Bains* (Pyrénées-Orientales). — Dans les MONTS D'AUVERGNE : *Vichy* (Allier) ; *La Bourboule*, *Mont-Dore*, *Royat* (Puy-de-Dôme). — Dans les CÉVENNES : *Saint-Galmier* (Loire) ; *Vals* (Ardèche). — Dans les ALPES : *Aix-les-Bains* (Savoie). — Dans le JURA : *Divonne*. — Dans les VOSGES : *Plombières*, *Vittel*, *Bussang*.

Commerce.

18. Le commerce de la France est très actif : *Paris*, *Marseille*, *Le Havre* sont les trois villes les plus commerçantes.
Le commerce comprend deux opérations principales : 1° l'*importation*, c'est-à-dire l'entrée en France de marchandises venant de l'étranger ; 2° l'*exportation*, c'est-à-dire la sortie de marchandises françaises destinées à l'étranger.
Les principaux articles importés en France sont des matières premières : *laine*, *soie*, *coton*, *lin*, *fer*, *bois*, *peaux*, *cuivre*, etc. ; ou des produits *divers* : *blé*, *café*, *épices*, etc. Les importations s'élèvent à 8 milliards 160 millions (1911).
La France vend du *vin*, des *bestiaux*, des *tissus* de laine et de soie, du *papier*, des *objets de luxe* connus dans le monde entier sous le nom d'*articles de Paris*. Les exportations s'élèvent à 6 milliards 200 millions (1911).

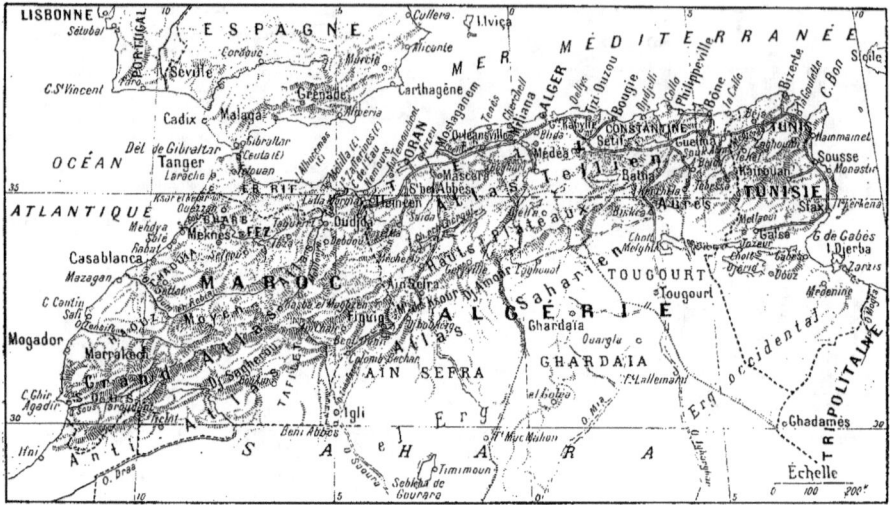

MAROC — ALGÉRIE — TUNISIE.

COLONIES FRANÇAISES

1. Après l'Angleterre, c'est la France qui possède, hors d'Europe, le plus vaste territoire. Réunies, *les colonies françaises représentent une surface 21 fois plus considérable que celle de la mère patrie;* leur population peut être évaluée à 55 millions d'habitants environ.

EN AFRIQUE

2. Nous tenons le nord et l'ouest du continent noir par l'*Algérie*, la *Tunisie* et le *Maroc;* par le *Sahara*, trait d'union entre l'Algérie et l'*Afrique occidentale française*. Nous avons, en outre, sur cette même côte occidentale, l'*Afrique équatoriale française;* enfin notre drapeau flotte à *Madagascar*, sur la côte orientale.

Algérie

3. *Situation. Étendue.* — L'Algérie est à 770 kilomètres — vingt-quatre heures de traversée — de Marseille. Sa superficie est supérieure à celle de la France; mais son sol n'est pas partout favorable à la culture : c'est sur le littoral que se trouvent les points les plus fertiles et les plus peuplés.

4. *Limites.* — La *Méditerranée*, au nord; la *Tunisie*, à l'est; le *Maroc*, à l'ouest; au sud, l'immense *Sahara*, où aucune frontière n'est tracée : telles sont les bornes de notre colonie.

5. *Régions naturelles.* — Deux chaînes de montagnes, l'*Atlas tellien* et l'*Atlas saharien*, divisent l'Algérie en trois régions naturelles : au bord de la mer, le *Tell* couvre une superficie de 15 millions d'hectares. Très accidentée, très pittoresque, très fertile, cette région est coupée de ravins, de vallées et de plaines. On y cultive les céréales, la vigne et le tabac; — au centre, les *Hauts-Plateaux* avec leurs pâturages et leurs champs d'alfa. Gibier abondant; — au sud, le *Sahara*, terre embrasée, région des oasis et des dattiers.

6. *Cours d'eau.* — L'Algérie est pauvre en eau; ses rivières ne sont guère que des torrents, souvent à sec en été. Pour régulariser leur cours et venir en aide à l'agriculture, on a dû établir des réservoirs et des barrages qu'il faudra multiplier.

Une seule rivière, le CHÉLIF, née dans la chaîne saharienne, traverse les Hauts-Plateaux et le Tell pour se jeter dans la mer. La MACTA, un peu plus à l'ouest, se rend dans la baie d'*Arzeu*. — Le ROUMMEL, à l'est, gronde au pied du rocher de *Constantine*. — La SEYBOUSE se jette dans la rade de *Bône*. — La MEDJERDA prend sa source en Algérie et achève son cours en Tunisie, près des ruines de Carthage.

7. *Climat. Population.* — Le climat de l'Algérie est sain. Le Tell a presque la même température que le midi de la France. Les Hauts-Plateaux ont des hivers froids et des étés très chauds. Le Sahara est brûlé par un soleil implacable.

La population totale de l'Algérie est évaluée à 5.563.000 habitants, dont plus de 4 millions et demi sont indigènes, c'est-à-dire Arabes ou Kabyles, et professent la religion de Mahomet.

8. *Divisions politiques. Villes.* — On a partagé l'Algérie en trois grands départements ou provinces :

Le **département d'Alger**, chef-lieu ALGER (154.000 h.), capitale de l'Algérie. Belle rade sur la Méditerranée. Siège du gouvernement. Grand commerce de vins et de céréales. Autres villes : *Tizi-Ouzou, Médéa, Miliana, Orléansville.*

Le **département d'Oran**, chef-lieu ORAN (106.000 h.), port sur la Méditerranée. Commerce de vins, alfa. Autres villes : *Mostaganem, Mascara, Sidi-bel-Abbès, Tlemcen.*

Le **département de Constantine**, chef-lieu CONSTANTINE (58.000 h.), bâtie sur un rocher et entourée de gorges profondes où coule le Roummel. Autres villes : *Bône, Philippeville, Bougie, Sétif, Guelma, Batna.*

9. *Chemins de fer.* — Les chemins de fer algériens forment un réseau de plus de 4.000 kilomètres. L'artère principale est la grande ligne d'*Oran à Tunis*, par *Alger* et *Constantine*, avec embranche-

---

Devoirs. — 1. Quelle est la superficie totale des colonies françaises comparée à celle de la mère patrie ? Quelle est leur population ? — 2. Quels territoires possédons-nous en Afrique ? — 3. A quelle distance l'Algérie se trouve-t-elle de la France ? — A combien d'heures de Marseille ? Quelle en est la superficie ? Ce territoire est-il partout également fertile ? — 4. Quelles sont les limites de l'Algérie ? — 5. Quelles en sont les chaînes de montagnes ? En combien de régions naturelles ces montagnes divisent-elles l'Algérie ? — 6. L'Algérie a-t-elle de grands cours d'eau ? Comment cherche-t-on

à remédier à la sécheresse du pays ? Citez les principales rivières algériennes ? 7. Comment est le climat de l'Algérie ? Quel est le chiffre de la population ? A quelles races appartiennent les habitants de l'Algérie ? Quelle est leur religion ? — 8. En combien de départements a-t-on divisé l'Algérie ? Quels sont ces départements ? Leurs chefs-lieux ? Leurs villes importantes ? — 9. Quelle est la longueur des chemins de fer algériens ? Quelle est leur ligne principale ? Où passe-t-elle ? A quels ports aboutit-elle sur la côte ? Quel commerce fait-on nous avec les Algériens ?

ments sur les ports d'*Arzeu*, de *Bougie*, de *Philippeville*, de *Bône* et de *Bizerte* (Tunisie).

Commerce. — Nous achetons aux Algériens du vin, des moutons, du minerai de fer, du phosphate de chaux, de l'alfa, etc. En revanche nous leur vendons des objets fabriqués : machines, étoffes, vêtements, outils, armes, etc. Les progrès de l'agriculture et le développement de l'industrie minière assurent à la « France africaine » un avenir prospère.

Tunisie.

10. **La Tunisie** (1.900.000 hab.) est, depuis 1881, placée sous notre protectorat. Elle est gouvernée par un bey assisté du résident général de France.

TUNIS (227.000 hab.), capitale, s'élève près de la mer ; son port se nomme *La Goulette*. Autres villes : ports de *Bizerte* et de *Sfax; Kairouan*, ville sainte des musulmans.

Sous l'impulsion française, la Tunisie a pris un magnifique développement : elle a créé un réseau de chemins de fer de 1.200 kilomètres; des mines importantes sont exploitées, de grands domaines agricoles mis en valeur.

Maroc.

11. **Le Maroc** (8.000.000 d'hab.), depuis 1912 sous le protectorat de la France, est gouverné par un sultan assisté d'un résident général français.

Comme l'Algérie, ce pays est traversé par deux massifs mon-

AFRIQUE OCCIDENTALE FRANÇAISE.

tagneux : la chaîne du *Rif*, au nord, rend la côte rocheuse; le *Grand Atlas*, au sud, atteint des altitudes de 4.500 mètres (mont Tamdjour).

Le Maroc est mieux arrosé que l'Algérie; les pluies y sont plus fréquentes et les rivières plus abondantes. La MOULOUYA se rend dans la Méditerranée ; l'Atlantique reçoit : l'oued SEBOU, l'oued OUM ER REBIA, l'oued TENSIFT, l'oued SOUS.

Céréales, légumes, chanvre et tabac poussent dans de grandes plaines fertiles. Le chêne-vert, le chêne-liège, le cèdre, le pin croissent sur les montagnes.

FEZ et MARAKECH sont les deux capitales et résidences du sultan. Il habite aussi *Meknès*, sorte de Versailles marocain. Sur la côte de l'Atlantique se trouvent les ports d'*Agadir*, de *Mogador*, de *Mazagan*, de *Casablanca* et de *Rabat. Tanger*, sur le détroit de Gibraltar, est port européen. Le territoire du Rif, avec les ports de *Larache, Ceuta, Tetouan, Melilla*, est dans la zone concédée à l'Espagne.

La population du Maroc est composée de Berbères, de Maures et d'Arabes. Les Berbères occupent la montagne; les Arabes campent de préférence dans les plaines.

Afrique occidentale française (11 millions d'hab.).

12. **Le Sénégal**, chef-lieu SAINT-LOUIS, doit son nom au fleuve qui descend du Fouta-Djalon et baigne *Kayes* et les principaux établissements français. *Dakar*, près du cap Vert, est un port de relâche pour les navires allant de Bordeaux au Brésil et à la Plata (Amérique du Sud). Une voie ferrée relie Dakar à Saint-Louis.

13. A l'est du Sénégal s'étendent, jusqu'au lac Tchad, de vastes territoires arrosés par un grand fleuve, le Niger, et jadis dénommés « Soudan français » ; ce sont le **Haut-Sénégal** et le **Niger**, avec *Bammako* et *Tombouctou* comme centres principaux.

14. **La Guinée française** a pour chef-lieu CONAKRY, port très fréquenté. — **La Côte d'Ivoire** a pour chef-lieu BINGERVILLE, qui a remplacé Grand-Bassam. — **Le Dahomey**, sur la côte des Esclaves, a pour chef-lieu PORTO-NOVO; villes principales : *Abomey, Grand-Popo* et *Kotonou*. Toutes ces colonies produisent : l'huile d'arachide et de palme, la gomme, le caoutchouc, le coton, l'indigo, l'or, l'ivoire, etc.

DEVOIRS. — 10. Depuis quelle époque avons-nous la Tunisie ? Quel est le gouvernement de ce pays ? Quelle en est la capitale ? Comment se nomme le port de Tunis ? Quelles autres villes connaissez-vous en Tunisie ? Quelles sont les productions du pays ? Quelle est l'origine de la population ? — 11. Où se trouve le Maroc ? Quelle est sa capitale. Productions du Maroc ; villes. — 12. Quel est le chef-lieu du Sénégal ? D'où vient le nom de cette colonie ? Quel port important avons-nous sur la côte ? — 13, 14. Comment se nomment les pays qui s'étendent à l'est du Sénégal ? Quel fleuve les arrose ? Quel en est le centre principal ? Quels établissements avons-nous sur la côte occidentale de l'Afrique ? Quels sont les produits du Sénégal, de la Guinée, du Haut-Sénégal, de la Côte d'Ivoire et du Dahomey ? Quels sont les chefs-lieux de ces colonies ?

15. **L'Afrique équatoriale française** (10 millions d'hab.) est séparée du Congo belge par le fleuve qui donne son nom à cette région. Nous possédons une partie de la rive droite, avec les établissements de *Libreville* (sur le Gabon), de *Franceville* (sur l'Ogooué), de *Brazzaville* (sur le Congo). Malheureusement nous ne sommes pas maîtres de l'embouchure du *Congo*; de plus nous avons cédé à l'Allemagne des enclaves qui lui donnent accès à ce fleuve.

Productions principales : caoutchouc, ivoire, bois précieux.

16. **Madagascar** (3 millions d'hab.) nous appartient depuis 1895. C'est une grande île montagneuse dont la superficie (592.000 kilomètres carrés) est sensiblement supérieure à celle de la France.

Les côtes sont marécageuses et malsaines ; par contre les hauts plateaux de l'intérieur paraissent salubres et propres à la colonisation européenne. On y a découvert d'importantes richesses minérales, qui seront exploitées lorsque nous aurons établi des lignes de chemins de fer. Les Malgaches appartiennent à la race des hommes bruns, mais non pas noirs.

Villes principales : TANANARIVE (72.000 hab.), capitale, sur le plateau d'Imérina, est maintenant reliée à la côte par un chemin de fer; ports de *Tamatave*, sur la côte orientale, et de *Majunga*, sur la côte occidentale. Au nord, la baie de *Diégo-Suarez*, près du cap d'Ambre, est le meilleur mouillage de l'île. — Madagascar est séparée de l'Afrique par le canal de Mozambique, à l'entrée duquel nous avons plusieurs îles : les **Comores, Mayotte, Nossi-Bé.**

17. A 600 kilomètres à l'est de Madagascar, en plein océan Indien, nous possédons l'île de **La Réunion**, capitale SAINT-DENIS. C'est l'une de nos plus vieilles colonies; elle s'appelait autrefois île Bourbon. Productions : café, vanille, canne à sucre, etc.

Sur la mer Rouge, et près du détroit de Bab-el-Mandeb, la France occupe la baie de Tadjourah, avec le port de Djibouti, lieu de ravitaillement pour nos navires (dépôt de charbon).

EN ASIE

18. En Asie, depuis qu'au XVIIIe siècle nous avons perdu les Indes, tout l'effort de la France s'est concentré sur la presqu'île indo-chinoise dont nous avons la moitié orientale; c'est-à-dire la **Cochinchine française, le Cambodge, l'Annam, le Tonkin.** De l'Inde, il ne nous reste plus que cinq villes ou comptoirs de commerce : sur la côte de Malabar, *Mahé;* sur la côte de Coromandel, *Chandernagor, Yanaon ; Pondichéry*, chef-lieu de nos établissements, et *Karikal.*

19. **La Cochinchine**, — chef-lieu SAÏGON (70.000 hab.), port important, — est très fertile, arrosée par les bouches du Mékong. Mais son climat, de même que celui du Cambodge, est très chaud, très humide, et ne convient pas aux Européens.

20. Le **Cambodge**, capitale PNOM-PENH, possède les rives du grand *lac Tonlé-Sap* avec les ruines célèbres d'Angkor, l'antique cité des Khmers.

On y cultive le riz, le maïs, le coton, la canne à sucre, le tabac, poivre, etc.

21. **L'Annam**, entre les montagnes et la mer, est une longue bande de territoire reliant le Tonkin à la Cochinchine. Capitale : HUÉ ; port principal, *Tourane*. La partie septentrionale ou *Laos* est montagneuse et salubre.

Le grand fleuve *Mékong*, qui arrose le Cambodge et la Cochinchine; malheureusement il est embarrassé d'écueils et peu navigable.

22. Le **Tonkin**, capitale HANOÏ (160.000 hab.), port principal: *Haï-Phong*, est arrosé par le *fleuve Rouge*. Ce pays est en contact avec la Chine, un des plus grands marchés qui soient au monde.

Productions : riz, soie, coton, thé, bois précieux. Gisements de houille et de métaux variés.

Nos possessions indo-chinoises sont administrées par un *gouverneur général* français qui a sous sa dépendance l'empereur d'Annam et le roi du Cambodge. La population totale de l'Indo-Chine française peut être évaluée à 20 millions d'habitants environ appartenant à la race jaune.

EN OCÉANIE

23. En Océanie, nous avons une centaine d'îles groupées en archipels : *îles* de la **Société** (Tahiti), **Marquises, Tuamotou, Gambier, Toubouaï**, etc.

24. La **Nouvelle-Calédonie**, chef-lieu NOUMÉA, trois fois grande comme la Corse, est la plus importante de ces îles. Elle est fertile, salubre, riche en minerais. On a cessé d'y envoyer des forçats.

EN AMÉRIQUE

25. La France possède, en Amérique : les îles **Saint-Pierre et Miquelon**, près du grand banc de Terre-Neuve où l'on pêche la morue ; les **Antilles françaises** ; la **Guyane française.**

26. La **Guadeloupe**, chef-lieu BASSE-TERRE; port principal: *Pointe-à-Pitre*. La **Martinique**, chef-lieu FORT-DE-FRANCE; ville principale *Saint-Pierre*, détruite par une éruption en 1902, sont les plus importantes parmi les Antilles françaises.

On y cultive la canne à sucre, le coton, le café, le cacao, le tabac, etc.

27. La **Guyane française**, chef-lieu CAYENNE, dans l'Amérique du Sud, est un pays à la fois très fertile et très malsain. On y envoie les individus condamnés à la relégation. Les **îles du Salut**, au nord de Cayenne, sont désignées pour recevoir des déportés.

DEVOIRS. — 15. D'où vient le nom d'Afrique équatoriale française? Comment se nommait autrefois cette colonie? Quelles sont les productions de ce pays? Jusqu'où s'étend-il? Sur quelle rive du fleuve sommes-nous établis? — 16. En quelle année avons-nous conquis Madagascar? Quelle est sa superficie? Le climat de cette grande île est-il salubre? De quelle utilité y serait un chemin de fer? A quelle race appartiennent les Malgaches? Quelle est la capitale de l'île ? Quels en sont les ports principaux ? Quel détroit sépare Madagascar de l'Afrique? Quelles îles avons-nous à l'entrée de ce détroit? — 17. Quelle île possédons-nous en plein océan Indien ? A quelle distance de Madagascar? Quel est le chef-lieu de l'île? Comment se nommait cette île autrefois? Quel point occupons-nous sur la mer Rouge? A quoi nous servent ces stations? — 18. Quelles colonies avons-nous en Asie? Quelles sont les cinq villes qui nous restent dans l'Inde? — 19. Quel est le chef-lieu de la Cochinchine ? Les Européens supportent-ils le climat du Cambodge et de la Cochinchine ? — 20. Quelle est la capitale du Cambodge ? Quel lac? Quelles ruines y trouve-t-on ? Quels produits cultive-t-on au Cambodge ? — 21. Quelle est la capitale de l'Annam? Son port principal? Comment se nomme la partie septentrionale montagneuse et salubre ? Pourquoi le Mékong est-il peu navigable ? — 22. Quelle est la capitale du Tonkin? Son port principal? Quel fleuve arrose ce pays? Qui avons-nous pour voisins dans la région nord? Quels sont les produits du Tonkin ? Quelle est la population totale de l'Indo-Chine française? A quelle race appartiennent les habitants ? — 23. Combien avons-nous d'îles en Océanie? Citez les principales. — 24. Quel est le chef-lieu de la Nouvelle-Calédonie ? Quel genre de population la France y envoyait-elle autrefois ? — 25. Quelles sont nos colonies en Amérique ? A quoi nous servent Saint-Pierre et Miquelon? — 26. Que savez-vous de la Guadeloupe? De la Martinique? Que cultive-t-on aux Antilles ? — 27. Quel est le chef-lieu de la Guyane française ? Que vont le climat de cette colonie? A quoi servent les îles du Salut?

GRANDES LIGNES DE NAVIGATION. *(Voyages au long cours.)*

TRAJET		DISTANCE	DURÉE	TRAJET		DISTANCE	DURÉE
Du Havre	à New-York.	5.720 kil.	5 à 7 jours.	De Marseille	à Port-Saïd.	2.880 kil.	7 à 8 jours
De St-Nazaire	à la Martinique.	6.800 —	12 —	—	à Suez (canal).	3.040 —	—
—	à la Guadeloupe.	6.700 —	12 —	—	à Aden.	5.440 —	11
— Bordeaux	à Dakar (Sénégal).	4.400 —	7 —	—	à Chandernagor (Inde).	12.000 —	25
—	à Rio-Janeiro.	9.200 —	19 —	—	à Saïgon (Cochinchine).	13.440 —	27
—	à Buenos-Ayres.	11.500 —	24 —	—	à Chang-Haï (Chine).	16.850 —	31
— Marseille	à Alger.	750 —	34 heu.	—	à Yokohama (Japon).	19.840 —	42
—	à Bône.	920 —	35 —	—	à Nouméa Nouvelle-Calédonie).	21.930 —	47
—	à Oran.	1.060 —	36 —	—	à Madagascar.	10.655 —	20 —
—	à Tunis.	880 —	35 —				

Paris. — Imp. LAROUSSE, 17, rue Montparnasse.

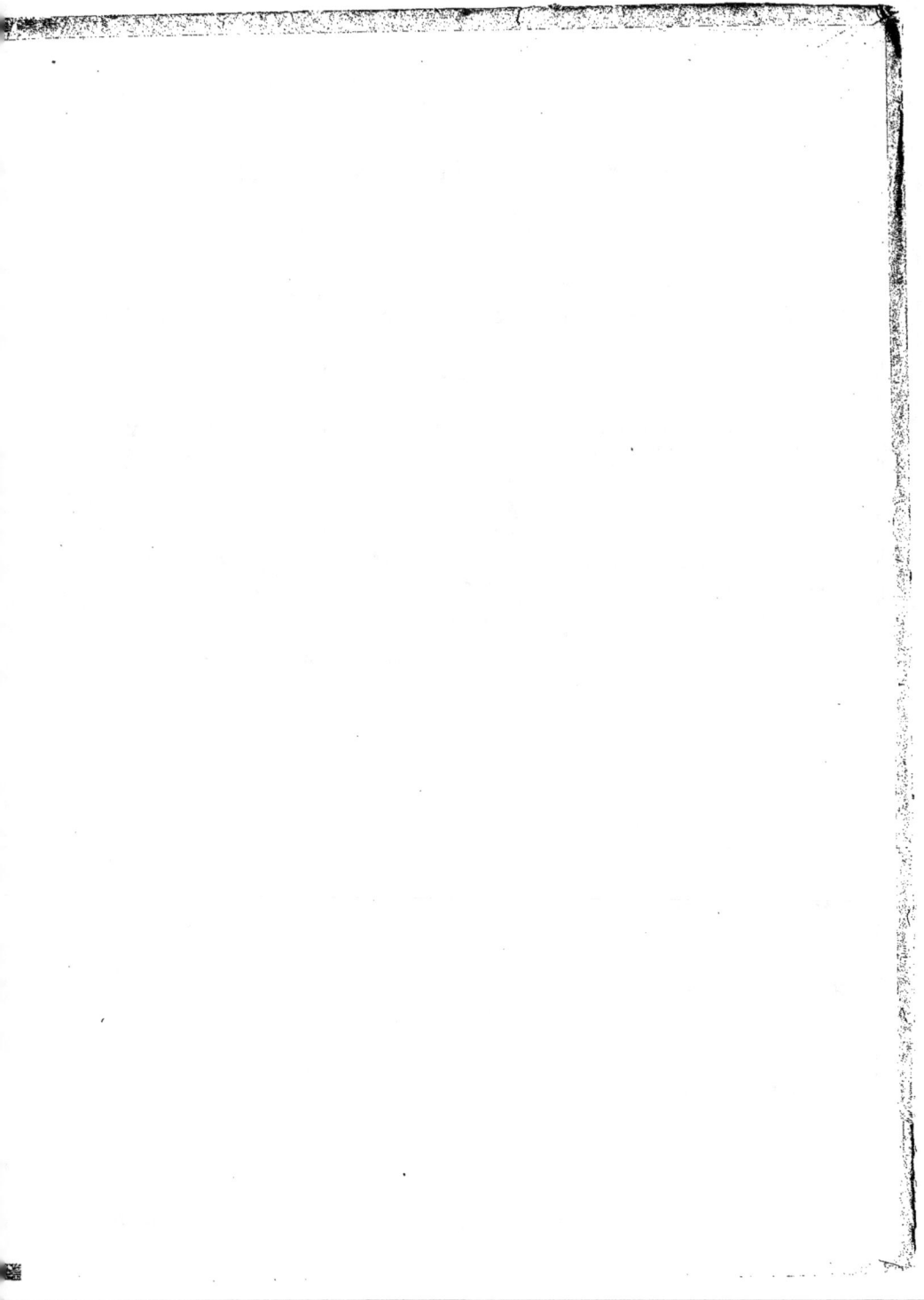

LIBRAIRIE LAROUSSE, 13-17, RUE MONTPARNASSE, PARIS (6e)

(Envoi franco au reçu d'un mandat-poste) et chez tous les libraires

OUVRAGES RECOMMANDÉS

pour la préparation du

CERTIFICAT D'ÉTUDES

Grammaire cours moyen

par Claude Augé, entièrement conforme à la nouvelle nomenclature grammaticale. Les neuf parties du discours, syntaxe, orthographe d'usage, étymologie et dérivation, 800 exercices, 380 dictées et rédactions, 240 gravures. *Livre de l'élève*, cartonné . . . . 1 fr. 25
Livre du maître, cartonné. . . . . 3 francs

Leçons illustrées de Français

Cours moyen, par E. Brieuil, professeur au Lycée Carnot. Méthode active et expérimentale, conforme à l'instruction ministérielle du 28 septembre 1910 : vocabulaire en action, grammaire pratique, orthographe d'usage et d'accord, préparation à la composition française. Un vol. in-8° illustré de 90 tableaux. Cart. 1 fr. 60

De Tout un Peu

Cours moyen, par J.-B. Tartière, inspecteur de l'enseignement primaire. Lectures sur toutes les matières du programme. Un volume in-12, illustré de 160 gravures ou cartes. Cartonné . . . . 1 fr. 10

Livre de Lecture et de Morale

Cours moyen et supérieur, par E. Devinat. Étude de la langue maternelle, éducation de la conscience, éducation du goût. Un volume in-12, illustré de 57 gravures. Cartonné . . . . 1 fr. 25

Premier Livre d'Histoire de France

par Claude Augé et Maxime Petit. Un volume in-8°, 330 gravures, 42 tableaux et 16 cartes dont 8 en couleurs, 4 planche en couleurs. Reliure parisienne . . 0 fr. 90

Cahiers de Géographie

par Vedel. 11 cahiers (*Cahier préparatoire* : Termes géographiques ; — *Géographie de la France*, 4 cahiers ; — *Géographie générale*, 6 cahiers) Chaque cahier . 0 fr. 10
Le cent . . . . 9 francs

L'Arithmétique au cours moyen

par A. Laugier, inspecteur primaire à Paris, ancien membre du Conseil supérieur de l'Instruction publique, et E. Jacquème, licencié ès sciences mathématiques, professeur adjoint au Lycée d'Aix. Un volume in-8°, 2100 exercices et problèmes, 128 figures. Cartonné. 1 fr. 65

Les Sciences physiques et naturelles

Cours moyen et supérieur, par J. Dutilleul et E. Rame. Un volume in-8°, illustré de 570 gravures, dont un grand nombre de photographies d'après nature, et 8 planches en couleurs. Cartonné. . . . . 1 fr. 50

L'Agriculture au Certificat d'Études

par Réné Leblanc, inspecteur général honoraire de l'Instruction publique. *Livre de l'élève*, illustré de 80 gravures. Cartonné . . . . 0 fr. 90
Livre du maître, comprenant le livre de l'élève et les instructions officielles, 100 gravures. Cart. . 1 fr. 20

Cahiers de croquis Larousse

Les mois fleuris. Douze cahiers, avec couvertures artistiques de Grasset, pour l'exécution des croquis d'après nature prescrits par les nouveaux programmes de dessin. Chaque cahier . . . . 0 fr. 15

Le Livre de Musique

par Claude Augé. Théorie musicale complète ; exercices gradués ; 100 duos et chants variés ; 20 chants avec couplets ; 30 airs de chasse, marches et danses ; 80 portraits et biographies des grands maîtres de la musique ; 24 morceaux choisis empruntés aux œuvres célèbres ; 220 gravures. Cartonné . . . . 1 fr. 50

Mémento de Poche

à l'usage des candidats au Certificat d'Études, exactement conforme aux programmes officiels et présentant un tableau très net et très complet de toutes les matières, grammaire, histoire, géographie, arithmétique, sciences physiques et naturelles, etc. (recommandé pour les revisions). Un volume in-32 de 384 pages, 630 gravures, 42 cartes dont 19 en couleurs, 75 tableaux synthétiques. Cartonné, 1 fr. 50 ; relié toile . . . . . 1 fr. 75

Larousse classique illustré

par Claude Augé. Dictionnaire manuel à l'usage des écoles, plus complet et mieux illustré qu'aucun autre dictionnaire du même prix. Beau volume de 1100 pages, 4180 gravures, 70 tableaux encyclopédiques, dont 2 en couleurs, 114 cartes, dont 7 en coul. Cartonné. 3 fr. 30
Relié toile (rel. artistique de Giraldon, titre or). 3 fr. 75

Paris. — Imp. Larousse, 17, rue Montparnasse.

www.ingramcontent.com/pod-product-compliance
Lightning Source LLC
LaVergne TN
LVHW022033080426
835513LV00009B/1012